大学体育系列教材

体育理论·田径·游泳

西安交通大学体育部 编

西安交通大学出版社
XI'AN JIAOTONG UNIVERSITY PRESS

内容提要

本书由体育理论、田径和游泳三部分组成。分别介绍了体育的起源、发展及现状,高等学校体育、体育锻炼,运动卫生与保健,田径、游泳的发展现状、基本技术及规则。可作为大学生基础体育课的教材,也可供体育爱好者参考。

图书在版编目(CIP)数据

体育理论·田径·游泳/西安交通大学体育部编. 西安:西安交通大学出版社,2000.9(2018.8 重印)
大学体育系列教材
ISBN 978 - 7 - 5605 - 1327 - 0

Ⅰ. 体… Ⅱ. 西… Ⅲ. ①体育理论-高等学校-教材 ②田径运动-高等学校-教材 ③游泳-高等学校-教材
Ⅳ. G80

中国版本图书馆 CIP 数据核字(2000)第 69947 号

*

西安交通大学出版社出版发行
(西安市兴庆南路 10 号 邮政编码:710049 电话:(029)82668315)
陕西宝石兰印务有限责任公司印装
各地新华书店经销

*

开本:850 mm×1 168 mm 1/32 印张:5.25 字数:131 千字
2000 年 9 月第 1 版 2018 年 8 月第 14 次印刷
定价:12.00 元

发行科电话:(029)82668357,82667874

前　言

世纪之交，伴随着我国全民健身运动的不断深入开展，高校体育教育也将进一步深化改革，以新的面貌进入 21 世纪。面临新的挑战，遵照《全国普通高校体育课程教学指导纲要》的精神，我们组织了一批长期从事体育教学有经验的教师，根据当前高校体育教学改革的趋势，编写了这套大学体育系列教材。其目的是帮助学生更好地掌握体育基本理论知识和体育专项理论，增强体育意识，提高体育能力，掌握科学锻炼身体的方法，养成终身锻炼身体的习惯，为学生自觉参加身体锻炼提供科学的理论指导。

本系列教材由《体育理论　田径　游泳》、《篮球　排球　足球》、《乒乓球　羽毛球　网球》、《健美　健美操》和《武术》五本书组成。本书结合普通高校体育教学实际情况和学生的特点，力求充分体现终身教育的目标，突出了教材的思想性、科学性、系统性和实用性，摒弃了传统的重运动技术教学，轻理论知识的传授，忽视体育意识、体育习惯和体育能力培养的短线体育教学，引入了有利于学生个性发展的体育兴趣教学，以充实学生的理论知识，强化体育意识和体育能力的培养，树立终身体育观念，使之成为立足学校，面向社会的长线体育。这样，既可保证普通高校体育目的、任务的完成，又能满足广大学生的兴趣爱好，使特长项目不断发展。

我们坚信，学生只有获得了良好的运动技能，并在运动中不断得到乐趣和荣誉感，才能成为终身体育的参与者，成为全民健身运动的骨干。

本书由李淑娥、刘志强（第一章至第四章）、任文君（第五章）、刘迅雷（第六章）执笔，全书由阎振龙、李淑娥统稿、定稿，陈善平参加了本书的编辑和编务工作。

由于编写人员水平有限，书中难免会有不妥之处，欢迎广大读者给予批评指正。

编　者
2000 年 8 月

目　录

第五章 田径运动

第六章 游泳运动

附录

参考文献

第一章　体育简述

第一节　体育的概念和组成

一、体育的概念

体育是随着人类社会的发展而产生和发展的。体育这一术语却不像人类社会体育实践活动的诞生那样有着悠久的历史，它的出现比较晚。据世界体育资料记载，"体育"一词最初见于1760年法国的报刊上。我国是文明古国，历代有着锻炼身体、养生保健方面的理论与实践，但在古籍中尚未发现与体育完全相同的专用词。其含义相近的有"养生"、"导引"、"吐纳"等。据史料记载，19世纪末，德国和瑞典体操开始传入我国，清政府批准的《奏定学堂章程》明文规定各级各类学校要开设体操科（即体育课）。直到本世纪初，基督教青年会在我国宣传"西洋体育"时，才开始出现"体育"一词。经过一个体操与体育并用的时期，到1923年才在北洋政府公布的《中、小学课程纲要草案》这一官方文件中，正式把"体操科"改为"体育课"。体操仅作为一门单科而纳入体育范畴。尔后，"体育"一词广泛使用至今。

"体育"这一术语在含义上也有一个演化过程，当它传入我国时，就是指身体的教育（physical education），是作为学校的一门课程，作为教育的一部分出现的。在当时我国还很少有竞技运动和其他群众性的体育活动，以其狭义的含义来使用这一术语，还没有太大的矛盾，与国际上的理解也相一致。但新中国成立后，随着我国体育事业的发展，原来仅作为体育手段的竞技运动（sport）有了很大的发展，在内容、组织、制度等方面形成了独立的体系，并在社会生活中越来越显示出它的重要地位，其社会职能和功能也都大大超出了原来"体育"（狭义）的范畴。再则随着人们生活水平的提高，为了健身和娱乐的身体锻炼和身体娱乐（physical training and physical recreation）活动也越来越多地开展起来。在这种情况下，仍用一个狭义体育来代表外延已经扩大了的活动，已显得很不够。建国以来，在我国宪法和政府工作报告等许多有关文件中，都用"体育运动"、"群众体育"、"竞技体育"等名词作为次概念或第二位概念。因此在我国"体育"一词就有了狭义和广义两种用法。用于狭义时一般指体育教育，用于广义时则和通常所说的体育运动相同，即包括体育教育、竞技运动和身体锻炼。这三者既有区别又互相联系，并逐渐发展成为一个与教育和文化相并列的新的体系。一方面通过以发展身体为核心的教育过程，承担着人体完美发展、增强体质的重任，并与德育、智育、美育、劳动教育密切配合，以实现共同培养全面发展人才的任务；另一方面则通过以健身、健美、医疗、卫生为目标的身体锻炼，以及以创造优异运动成绩和提高运动技术水平为目标的竞技运动，达到人体自我完善，挖掘人体内在潜力，充分发挥其在建设物质文明和精神文明中的特殊作用。

综上所述，体育（广义的）亦称体育运动，包括体育教育、竞技运动和社会体育，是以身体练习为基本手段，以发展身体、强身祛病、提高运动技巧、娱乐身心为目的的社会活动的总和。它随着人类社会的发展而发展，受社会的生产力和生产关系、经济基础和上层建筑所制约，同时又对社会政治、经济、文化的发展有重要的促进作用。但必须指出，体育的概念并非一成不变，随着社会的不断发展和人类需求进入高层次，人们对体育的认识还将会进一步深化。

二、体育的组成

广义体育的概念表明，体育教育、竞技运动和身体锻炼三个不同内容和范围的"体育"，其共同点是以身体运动为基本手段，全面发展身体和增强体质，都有教育、教学、竞赛、提高诸因素。但根据其目的、对象和社会施予的影响不同，目前普遍认为体育可由学校体育、竞技体育、社会体育三个主要部分组成。

（一）学校体育

学校体育与德育、智育、美育相配合，成为整个教育的重要组成部分，是全民体育的基础，也是国家体育事业发展的战略重点。各级各类学校按不同教育阶段和学生的年龄特征，通过体育课、课外体育活动和课余体育训练与竞赛等组织形式，紧紧围绕以增强体质为中心，实现学校体育的各项任务，进而达到教育、教养和发展身体的总目的，并与其他教育环节构成了一个完整的教育过程，使学生在德、智、体、美几方面都得到全面发展。

随着体育的不断社会化、娱乐化、终身化及竞技体育的发展，为了适应当代社会和人们对精神、文化生活日益增长的需要，学校体育在重视增强学生体质近期效应的同时，还应考虑到学生将来对"享受"和"发展"的需要。因此，应重视和培养学生个人的兴趣爱好与终身体育意识及主动参与意识，使之讲究体育锻炼的科学性，不断提高对体育的欣赏水平，并积极创造条件为国家输送和培养高水平的竞技人才。

（二）竞技体育

竞技体育即竞技运动，是指为了最大限度地发展和不断提高个人和集体在体格、体能、心理和运动能力等方面的潜力，为取得优异运动成绩而进行的科学系统的训练和竞赛。

随着社会经济的繁荣，人民生活水平的不断提高，一些具有竞技体育特点的群众性竞赛日趋频繁，其中一些有规则约束的竞赛，逐渐向以取胜为目的的方向转移，从而不断扩大了竞技体育的领域。由于竞技运动竞争激烈，其竞争实质是体力、智力和运动技能等综合实力的竞争，极易吸引广大观众，所以它极富感染力且容易传播，对活跃社会文化生活、振奋民族精神、提高国家的国际威望、促进友谊和团结等方面都起着特殊的作用。

（三）社会体育

社会体育也称群众体育或大众体育，是指广大人民群众以锻炼身体、增进健康、增强体质、调节精神和丰富文化生活为目的的体育活动。国内外经常提到的娱乐体育、休闲体育、余暇体育、养生体育及医疗保健与康复体育等均属社会体育的范畴。参加者主要是一般民众，其中包括男女老幼和伤病残者，活动领域遍及整个社会，内容广泛，形式多样，娱乐性、趣味性强。它作为学校体育的延伸，可使人们的体育生涯得以继续维持。

社会体育开展的广泛性和社会化程度，取决于国家经济的繁荣、文化素养和生活水平的提高、余暇时间的增多及社会环境的安定。目前我国的社会体育正在蓬勃兴起，各种"健康城"、"康复中心"和"健身俱乐部"以及"公园体育"等，正在吸引大批的体育消费者。国家还设立了"中国大众体育纪录"。特别是《全民健身计划纲要》实施以来，全民的体育观念逐渐改变，开始把健身器械引进家庭，并涉足台球、网球、保龄球及出国旅游等消费较高的体育活动。表明社会体育活动在我国不但有了比较广泛的群众基础，而且已进入了一个新的历史发展阶段。

第二节　体育的功能

根据体育对人体和社会分别所起的作用，将体育的功能分为生物功能和社会功能两大类。生物功能主要指健身功能，它包括生理的和心理的，是体育最本质的功能；社会功能则包括教育、娱乐、政治、经济、军事等功能，属非本质的功能。随着社会的发展和进步，对体育功能的发掘和利用仍会继续下去，对体育功能的认识也将不断深化。

一、健身功能

体育是通过身体运动的方式进行的，这是体育最本质的特征，这一特征决定了体育具有健身功能。体育健身的理论基础是促进人体的新陈代谢，加强人体的同化和异化作用，使身、心得到有效发展，有利于促进健康和增强体质。

（一）体育对促进健康的作用

何谓健康？联合国世界卫生组织对此下的定义是："所谓健康，不是单纯地指身体无病或不衰弱，而是不可分割地把肉体的、精神的和社会的各方面都包括在内，亦即是指一个完整的状态。"这里明确指出，健康不仅是指人体生理机能正常，没有缺陷和疾病，而且包括身体和精神方面均能迅速完全地适应社会环境，即健康应包括身体健康和精神健康两个方面。身体健康包括良好的生长发育、正常的生理机能和承担负荷后的适宜反应。事实证明，身体健康受损所引起的各种疾病，均因人体对内、外环境不适应所致。人的健康状况和工作效率，不仅取决于全身各器官、系统的功能和相互协调，而且还取决于整个身体对自然界和社会环境的适应能力。不同的人对环境的适应能力的差异，除去所处的生活环境不同外，在很大程度上与体育锻炼密切相关。"生命在于运动"这句名言，深刻地阐明了运动对身体健康所起的重要作用。

精神健康实质是指维持身体健康的一种能力。良好的心理调节能力和讲究精神卫生是判断精神健康的基础。从事体育运动能使人心情舒畅、精神愉快，使心理调节能力得到提高，及时排除个人性格和心理状态中的不健康因素，使个体与环境和谐统一，以达到精神健康，并使身体健康得到维护。

（二）体育对增强体质的作用

体质是指人体的质量。它是在先天遗传和后天获得的基础上，表现出来的形态结构、生理功能、身体素质、适应能力和心理因素等方面综合的、不断发展的、相对稳定的特征。体质与健康是两个既有联系又有区别的概念。如果把健康作为评价体质状况的起码条件，那么体质则是健康的物质基础。

经常从事体育运动，能促进人体的生长发育，提高运动能力。骨骼是人体的支架，其生长发育不仅对人体形态有重要影响，而且对内脏器官的发育，对人的劳动能力和运动能力都有直接的影响。实验证明，体育运动可刺激骺软骨的增生，从而促进骨的生长。同时还可促使骨骼变粗，使骨骼抗弯、抗折、抗压的能力增强。人体任何运动都是通过肌肉工作来完成的。系统地进行体育锻炼，对提高肌肉的力量、耐久力等基本身体素质的作用是十分明显的。运动可改善肌肉的血液供应状况，增加肌肉内的营养物质，特别是蛋白质的含量，使肌纤维变粗，工作能力增强，并促使肌肉有更多的能量储备，进而提高运动能力。

科学的体育锻炼，能改善血液循环系统、呼吸系统、消化系统、排泄系统、内分泌系统等的机能状况，使这些系统的器官在构造上发生变化，功能上得到加强和提高，如心、肺功能出现"节省化"现象。

经常从事体育运动，能改善和提高中枢神经系统的工作能力，改善大脑的供血、供氧情况，促使大脑皮层兴奋性增强，抑制加深，兴奋和抑制更加集中，使神经系统的均衡性和灵活性增强，对体外刺激的反应更加迅速、准确，大脑的分析综合能力增强，工作能力提高。根据高级神经活动的负诱导规律，运动中枢的兴奋可以使思维、记忆中枢得到更完全的休息，从而很快地消除疲劳，恢复工作能力，这正是在学习一段时间后，去从事一些身体运动，会使人感到头脑清醒，精神焕发，思维敏捷，记忆力增强的生理机制。"8−1＞8"这个富有哲理的公式，就是从这个意义上提出来的。

总而言之，经常从事体育运动能使青少年生长发育健全，体形健美，姿态端正，动作矫健；中年人身体健康，精力旺盛；老年人延缓老化过程，健康长寿。体育运动的健身功能已经得到了科学的证明。但必须指出，在促进健康、增强体质方面，体育并不是万能的，还必须与营养、医药、卫生、优生等因素相互配合。

二、教育功能

体育的教育功能就其作用的广泛性而言，它对人类社会产生的影响，是体育的其他社会功能所无法比拟的。尽管世界各国的社会制度、政治观点和意识形态不尽相同，但都十分重视发挥体育在教育中的作用。体育作为一种特殊的社会现象，不仅本身是学校教育的重要组成部分，而且对整个社会产生的影响也是非常深刻的。

马克思主义有关教育的经典论述，都把体育视为学校教育不可缺少的组成部分，视为培养全面发展人才的一个重要方面。现代教育观认为，在学校教育过程中，应完成教育、教养和发展三方面的任务。因此，学校体育通过体育课、课外体育锻炼和课余运动训练与竞赛等基本途径，对学生进行思想政治、意志品质和道德情操的教育，使他们获得基本的体育理论知识，掌握必要的技能，学会科学锻炼身体的方法，提高运动实践能力和养成体育锻炼的习惯，以达到促进个体生长发育、增进健康、增强体质、增加知识和提高基本活动能力的目标。为了适应未来社会生活和工作的需要，学校体育更应强调它在培养终身从事体育的兴趣和习惯、改善生活方式、提高生活质量方面的教育作用。

　　体育的教育功能不只限于学校领域，它通过竞技体育和社会体育，对社会所起的教育作用也是不可低估的。体育可激励人们的荣誉感、责任心、集体观念、民族意识与奋发向上的进取精神。由于运动竞赛的突出特点是竞争激烈，这种竞争一旦扩大到世界舞台，就具有广泛的国际性。国际比赛的胜负，关系到一个国家的荣辱和民族的形象，在人民的思想感情上产生强烈的反响。故在激发爱国热情、振奋民族精神及培养社会公德等方面教育人们要与社会保持一致。如中国女排在争夺"五连冠"的过程中，所表现出来的精湛球艺、拼搏精神和高度的爱国责任心，感人肺腑，给全国人民以极大的教育和鼓舞，激起了一浪高过一浪的爱国热潮。国家号召以女排精神搞"四化"，不少人以女排精神为榜样，决心在坎坷与逆境中奋起。运动竞赛过程中，运动员在更高、更快、更强的奥林匹克宗旨下，所表现出的无私奉献、顽强拼搏精神，激励和鼓舞着广大观众和运动员自身，对人的思想和社会的进步，有一定的影响。社会体育的教育功能是学校教育的延伸，通过群众性体育活动，无论从身体机能、改善身心健康或在促进人际交往、培养精神品质等方面，这种教育功能都能从中得到充分体现。

　　三、娱乐功能

　　体育的娱乐功能的客观依据是为了满足人的精神需要。随着科技的发展、社会的进步，人们物质生活水平得到提高，社会余暇时间增多，需要层次也相应提高。如何善度余暇成为一个社会问题被提上议事日程。丰富多彩、健康文明的余暇生活不仅可使人们在紧张繁忙的工作、劳动之余获得积极性休息，而且还可以陶冶情操、愉悦身心、培养高尚的品格。体育运动由于它技术的高难性、惊险性，造型的艺术性，配合的默契性和易接受的朴素性，吸引着越来越多的人们，使其成为人们余暇生活的一个重要组成部分，起到了丰富社会文化生活、满足人们精神需要的作用。

现代体育运动，特别是竞技运动，其技艺日益向高、难、新、尖的方向发展，一些运动员能够在一定时间和空间尽善尽美地完成技术动作，使健、力、美高度统一起来，加上和谐的韵律、鲜明的节奏、微妙的配合，产生出一种能使人赏心悦目的美的享受。因此人们在紧张的工作和劳动之余，通过观看体育比赛，可以忘却一切烦恼和不愉快，消除疲劳，使身、心得到调节，获得积极性休息。这不仅有助于疲劳的恢复，而且也是一种精神上的享受。

此外，人们通过参加体育运动，能够在完成各种复杂练习的过程中，在与同伴的默契配合中，在与对手的斗智斗勇过程中，在征服自然障碍的拼搏中，得到一种非常美妙的快感。正如现代奥运会创始人顾拜旦在他的"体育颂"中所说："啊，体育，你就是乐趣，想起你，内心充满欢喜，血液循环加剧，思路更加开阔，条理更加清晰。你可以使忧伤的人散心解闷，你可使欢乐的人生活更加甜蜜！"的确，体育无愧为一种最积极、最健康的娱乐方式，它能满足男女老幼的精神需要，越来越多地吸引人们自觉投身于其中。应该指出，体育与娱乐是两个互为联系又有区别的范畴。目前已有迹象表明，娱乐为了更有效地发挥自身的作用，已开始加快向体育领域渗透的步伐，使一些娱乐项目逐渐向运动项目转化。人们为领略生活乐趣，逐渐将注意力转向娱乐体育时，标志着体育正悄然向消遣方式转移，致使现代体育的娱乐功能变得更加突出。

四、政治功能

体育的政治功能是客观存在的，已被无数现实所证实。尽管在国际舆论中，经常宣传体育超脱政治的观点，实际上任何国家在带有原则性的问题上，都要求体育服从政治的需要，同时也充分利用其对政治所具有的影响。由于体育与政治的关系微妙，它可以被不同的政治所利用，因此既可作为正义的政治宣传手段，又可充当政治欺骗的工具。如第二次世界大战前后，各国工人阶级为进行反法西斯的政治宣传，于1934年夏成立了红色体育国际，并在巴黎举办了为期一周的反法西斯运动会。但1936年由于国际奥委会错误决定第11届奥运会在德国柏林举行，结果为法西斯分子提供了一次难得的反动政治宣传的机会。希特勒为了炫耀武力，不惜耗费巨资，新建了被称为"冠绝一时"的运动场地；为了标榜日耳曼人种的所谓"优秀"，竟蛮横地拒绝为夺得4枚金牌的著名黑人运动员杰西·欧文斯颁奖。

　　第二次世界大战后，由于国际舞台错综复杂的政治斗争造成的原因，国际奥委会被强权政治所控制，使包括中国在内的人民民主国家的体育主权受到严重损害。我国为抗议制造两个中国的政治阴谋，断然宣布不参加第16届奥运会；为抗议种族歧视，非洲国家体育组织集体抵制1976年蒙特利尔奥运会，都表明了体育和国家主权、民族尊严有着不可分割的联系。

　　国际体育竞赛是和平时期国与国竞争的舞台，也是显示一个国家的政治、经济、文化水平和综合国力的窗口。因此，比赛的胜负直接关系到国家的荣辱，如果获胜，能提高国家的威望，如果失败，则令人感到沉重。如1972年美国在奥运会男篮决赛中输给前苏联队，引起了美国公众哗然，人们甚至要求调查失败的原因，因为他们认为这有损于美国的国际威望。我国女排在洛杉矶奥运会上，不负众望，顽强拼搏，勇夺"五连冠"，全国人民群情激奋，许多老华侨说，他们一生中，还没有体验过这样兴奋激动的时刻，他们感受到祖国的强大，在世界人民中的威望和做一个中国人的光荣和骄傲。

　　体育在为外交政策服务方面所起的政治作用也是人们所熟

知的。中国的"乒乓外交"，用和平的方式促使中美关系正常化，曾轰动全球，至今仍被人们传为佳话。

我们讲体育的政治功能，并不是说用政治代替体育。因为作为体育的方法、手段、内容和物质基础等，有其本身的规律和特点，只是由谁掌握、为谁服务的问题。我们强调体育的政治功能，正是为了更好地使体育为政治服务。

五、经济功能

体育的经济功能是由体育与经济的互相促进作用所决定的。国民经济制约着体育的发展，体育的发展又反作用地促进社会经济的繁荣。国民经济对体育的合理投资，既可以促进体育事业的发展，又能不断提高劳动者的健康水平和体质状况，而体育本身的发展，又间接地通过提高国民的身体素质，再转化为劳动生产力。

体育的发展对国民经济的直接促进作用，更显著地表现在高度发展的商品经济社会。实践证明，目前正在兴起的由体育劳务形式产生的经济价值不可低估,其经济效益主要取决于体育社会化、娱乐化和终身化的进展程度，以及竞技体育的发展水平。体育的普及，必然刺激体育工业的发展，使之有可能在国民经济中逐渐形成一个庞大的体育产业。另外，从竞技体育的发展历史来看，它和商品经济的联系也颇为密切。当前在国际上，一些经济发达的国家，非常注意发挥体育的经济功能，追求体育的经济效益。如通过精彩的体育比赛和表演，吸引成千上万的观众，以直接获取门票收入；利用一些大型运动会来带动旅游、商业、交通、电信和新闻出版等行业的发展，并通过出售电视转播权，发行彩票、邮票、纪念币，收纳广告费，印刷宣传品等手段获取相当可观的经济效益。随着商品经济浪潮的冲击，奥林匹克运动也被卷入其中，使之表现出鲜明的商业化倾向。这方面的成功尝试当首推 1984 年美国洛杉矶举办的第 23 届奥运会。这届首次由民间主办的奥运会，在金融界人士彼得·尤伯罗斯的领导下，一改以往奥运会亏损的局面，不仅节省了原定的 5 亿美元耗资，反而从中获得了 2.5 亿美元的盈利，为此，国际奥委会特授予他金质勋章。不少人基于奥林匹克原则，对此举颇有贬词。对此，国际奥委会主席萨马兰奇说："我们并不想阻止商业化，因为我们认为商业化对体育界有非常重要的作用。我们所要避免的是将商业化利益置于体育之上。" 1988 年汉城奥运会再次获得更大的成功，获得 4.67 亿美元的巨额利润，这使人们对体育所表现出的经济价值感到震惊。受现代商品经济大潮的冲击，竞技体育逐渐向职业化、商业化的方向演变，迫使国际奥委会放弃了一贯主张的"业余运动"原则，因为体育毕竟无法摆脱商品经济的影响。在改革开放的过程中，我国体育经济功能的发挥也卓有成效，它集中表现在成功地举办了 1990 年第 11 届亚运会。据 1992 年亚运会财务决算报道：亚运会筹集资金和所耗经费，不仅收支相抵，而且还略有节余。这表明我国在挖掘体育经济功能内在潜力方面有了成功的经验。

六、军事功能

体育的军事功能，主要是由于战争和训练士兵的需要。从史前时代部落间为争夺土地、牧场和血亲复仇引起的暴力冲突，到原始社会末期以掠夺财产为目的的奴隶战争，不断推动着武器的演进，不仅为以后健身活动提供了广泛的运动器材，也促进了人们积极从事军事操练和与之有关的身体训练。进入封建社会之后，统治者为争夺领地引起的频繁战争，使体育和军事的结合变得愈加紧密。

随着资本主义的发展，西方体育经"文艺复兴"时期和宗教改革运动，把跑、跳、投掷、摔跤等活动引入学校，要求学生掌握未来军事生活所必需的一些基本技能。在近代西方体育形成的初期，由欧洲教育改革推出的传统体操，以它极具军事实用价值的体育形式风靡欧洲。这种身体运动对培养动作技能、行动整齐、掌握当时流行的线形作战方法极为有利，在美国南北战争及普法战争中，曾一度发挥了重要的作用。

现代社会，由于尖端武器的发展，更需要人们在短期内掌握复杂的军事技能，且能有效地加以应用，这就要求最大限度地动员人的精神和身体能力。为此不仅要进行全面体力训练，而且还必须掌握军事需要的专门技巧，如游泳、爬山、攀登、滑雪、划船、跳伞、摔跤、格斗、擒拿、拳击及队列操练等。特别是随着部队机动性的提高和新的战略战术的运用，体育与军事结合的项目在不断涌现，使专门为军事服务的"军事体育"应运而生。

以上分别论述了体育的六个主要功能，需要强调指出的是：首先，体育是一个完整的整体，它的各种功能各有所侧重，又互相交叉，不是完全孤立的。如教育功能和政治功能，只是角度不同，很难截然分开。其次，体育的功能也不是自然而然就可以实现的，它的实现是有条件的。如健身功能并非参加运动的必然结果，违背科学规律和原则，盲目的锻炼和训练，不仅对健康无益，反而有害。就是说，只有讲究科学性，才能保证健身功能的实现；再如体育的教育功能和政治功能，也不是自然而然就可以实现的，体育运动只是提供了有益的内容和有利的时机，如果有关组织者、领导者等不注意对运动员和观众进行教育和引导，就发挥不了应有的作用，甚至还会产生适得其反的结果。如在运动员队伍中也会发生道德不佳、违法犯罪，甚至叛国等行为，在运动竞赛中也会发生运动员互相火并、殴打裁判，甚至观众骚乱等事件。只有有意识地去宣传、去灌输、去引导，才能更好地开发和利用体育的功能。

第三节　中国体育的形成和发展

一、中国传统体育的产生与发展

体育作为一种社会活动，是人类为了适应社会需要和人本身的生理、心理需要而产生和发展的。

早在史前时代，原始人类生活在极其险恶的自然环境中，迫于谋生和防卫的需要，原始人类必须与自然灾害和凶禽猛兽作斗争，即借助人体运动获取生活资料，并保证自身不受伤害。要为寻找食物而攀山涉水，为杀伤猎物而掷石投棍，为追捕野兽而奔跑越沟，为抗御自然侵袭而跋涉迁徙；为防备狩猎时被野兽伤害和过河时的安全，还必须掌握格斗和游泳等防卫手段。原始人的这些走、跑、跳跃、投掷、攀登、爬越及游泳等身体运动，既是劳动动作，又是求生存所必须具备的基本生活技能，也是原始体育的萌芽。在原始教育中，体育是重要内容和手段。

为了适应社会的需要，还有一些既不属于生产活动，又高于一般的生活技能的活动，以更接近体育的方式发展起来。如人们为了表达狩猎成功的喜悦，对自然的崇拜，对祖先、神灵的祭祀，以及抒发内心的情感，往往以手舞足蹈的身体活动来作为表达方式，这种手舞足蹈的动作，既是身体活动，又是一种娱乐，后来发展成为舞蹈活动。在休闲时为了精神愉快，做一些游戏，后来发展成竞技运动和角力等。又如为了治疗由于环境、气候所造成的身体疾病，进行一些身体活动，既是医疗手段，又是健身活动，以后逐渐发展成各种成套的保健操，如"养生术"、"导引术"等，健身目的更加明确。

综上所述，反映出在原始人很低水平的需要结构中，不仅有生存、防卫的需要，有抒发思想感情的需要，有交往的需要，而且也有同疾病作斗争的需要。这些需要归纳起来，就是需要精神调节和强健身体。由于原始社会生产力还很低下，人们不可能有明确的社会分工，所以处于萌芽状态的各种社会活动，相互间多无明晰的界限。原始社会后期，随着文化、艺术和教育等活动的出现，这类活动能强身祛病的作用，才被人们有所认识，并随着奴隶制社会经济的发展，开始与军事、教育、宗教、礼仪等相结合，原始体育才初步具有了社会职能。

春秋战国初期，兼并战争引起的社会变革，加快了我国由奴隶制社会向封建社会转变的过程。此时由诸侯争霸兴起的崇尚武功，由文化进步引发的健身思想，由经济繁荣衍生的民间体育，都为我国古代体育的发展创造了良好的条件。

秦、汉、三国时期，随着统一的多民族国家的建立和物质生活水平的提高，人们开始有了娱乐闲情、庆节祭典的需要和竞争的强烈欲望，促使体育的内容变得多样，被激活的民族体育迅速崛起。汉代以训练士兵为主的军事体育，如骑射、刀术等武艺及蹴鞠等运动都有很大的发展。以健身为主要目的的医疗体育如导引、养生术也有了发展，特别是名医华佗创编的五禽戏，通过模仿五禽的动作，以活动身躯，促进体内血液运行，颇具强身祛病的价值。由于汉代雄厚的物质基础，使宫廷和民间的娱乐体育活动丰富多彩，名目繁多。其中有关体育项目如角抵（包括角力和摔跤）、杂技、舞蹈，以及秋千、舞龙、耍狮、高跷等活动，有的发展成为竞技运动，有的至今仍是人们喜闻乐见的传统娱乐活动。

到了封建社会中期的魏晋隋唐时期，随着全国统一，经济、文化、政治发展到了鼎盛时期，体育也出现了空前繁荣的景象，其项目繁多、技艺高超。特别是唐代，仅球类运动就有马球、蹴鞠、十五柱球、踏球、抛球等。唐朝首创的武举制度，大大鼓舞了民间练武之风，对体育的发展起了很大的促进作用。由于医学和养生术的发展，促使导引、养生有了新的发展。伟大医学家孙思邈的养生、导引、按摩的理论，对当时及后世都有着很大的影响和贡献。在军事武艺方面，骑射、剑术、角抵、硬气功等，不论是教习方法，还是技术水平，都较汉时有了发展和提高。民间体育活动如拔河、秋千、竞渡、滑雪、滑冰、登高、郊游、射鸭、棋类等都非常盛行。

在民间体育大发展的宋、元时期，由于受封建城市经济和市民文化的影响，振兴了社会娱乐体育和养生体育，为我国传统体育增添了新的内容。这一阶段尽管社会变化日趋复杂，阶级矛盾日益深化，但巩固的中央集权制，使社会经济、政治和科学文化有了显著的进步，人民生活相对安定。此时不同的阶级、阶层和个人，根据所处的不同的社会地位和物质基础，开始选择不同的体育内容和形式，以适应和改变自身的生活方式。如统治阶级为了追求奢侈腐朽的生活方式，在宫廷、内院大力开展蹴鞠、相扑、水戏、马术及乐舞百戏等内容繁多的娱乐性体育，专供帝王后妃观赏、消遣；而一般平民百姓，却随都市经济发展，在节日闲时开展游艺性活动，或聚集街头观赏民间艺人的杂耍表演，以补充其贫乏的文化生活内容；至于封建士大夫阶层，因受封建道德观的严重束缚，及佛教、道教、玄学思想的影响，恪守静漠恬淡的生活方式，一般都轻视习武，而热衷棋类、投壶和养生等"举止高雅"的体育项目，以此表现他们"修身养性"的人生哲学。

进入封建社会末期的明、清时代，上承数千年的中国古代体育、民族体育，通过自身的衍生和发展，在相互补充和渗透中，为中国传统体育的形成打下了坚实的基础。我国古代养生学，在长期的发展过程中，经明、清时期养生家、医学家的努力，开始向技术套路化及理论系统化方向发展。传统武术在军事武艺发展的基础上，不仅演变成独立的体系，还逐渐形成各种流派。而具悠久历史且深受群众欢迎的娱乐性体育，经千锤百炼，技艺有了明显的提高，并在民间得到普遍开展。至此，偏重于"保健"及"强身"意识的中国传统体育，按练武、养生及娱乐这三种主要形式传播、发展，沿袭至今。

二、中国近代体育

1840 年鸦片战争以后，中国由一个闭关自守的封建社会逐步沦为半殖民地半封建的社会。随着帝国主义的入侵，西方文化的输入，中国在体育运动方面发生了前所未有的变化。为了抵御外侮，中国封建统治阶级自身进行的社会改革，是近代体育被动引进的根本原因。以林则徐等进步思想家，率先提出"师夷之长技以制夷"的主张，又在理论上为引进西方近代体育奠定了思想基础。十分明显，这种出于"自救"而转向学习西方的思潮，在客观上也动摇了清王朝空疏无用的教育体制，致使洋务运动兴起。从 19 世纪 60 年代到 90 年代，随洋务派提出"中学为体"、"西学为用"的教育方针，在兴办水师学堂和武备学堂中传授"西艺"，并开设"体操科"或"体操课"，遂使西方近代体育以军事技术操练的方式传入中国。

近代体育引进中国以后，帝国主义为了控制中国近代的政治经济，同时加强了对中国文化教育的侵略。派遣大批的传教士到中国各地建立教会，兴办学校。由于教会学校一般都设有体育组织和较好的体育设施，因而田径、球类等近代运动项目得以很快开展，之后又陆续传播到官办新式学堂。校际间的比赛也开展起来，并不断增加。学校体育的兴起，是近代体育在中国广泛传播的主要途径，而基督教青年会则是传播近代体育运动的另一重要途径。特别在 20 世纪初，一批美国体育专业人员纷至沓来。他们充任青年会的体育干事，通过创办体育杂志、出版体育教材、培训体育干部、讲授体育理论，乃至组织并操纵中国早期的运动竞赛，不遗余力地宣传"西洋体育"，使近代体育在中国的传播不断扩大，影响日渐深远。随着"门户开放"，中国沿海城市的外侨逐渐增多，而西方商人和海员等出于自身娱乐需要而开展赛马、游泳、划船等体育活动，对扩大近代体育的传播，也起了一定的积极作用。

西方近代体育在中国的兴起经过数十年的发展，构成了中国近代体育的基本内容，已发展成为中国近代体育运动的主流，而以中国武术为中心的传统体育活动，虽仍在广大地区的民间流行，甚至在农民革命和起义中曾发挥重要作用，但从总体来看，已退居次要地位。由于受传统观念的束缚，特别是封建统治阶级的腐败，民不聊生，结果造成中国近代体育长期落后的局面。

三、中国现代体育

建国初期，面对旧中国遗留的千疮百孔、百废待兴的局面，在中国共产党和政府的关怀与领导下，对旧中国的落后体育进行了改造，确定了新中国体育的性质与任务，并根据我国实际，在体育机构、制度、干部、宣传出版、物质技术等方面进行了一些必要与可能的建设，从而以新的面目出现于体育历史舞台上，同时也为我国社会主义体育事业的形成和发展打下了基础。由于政权性质的改变和人民生活水平的不断提高，使体育的性质和社会地位均发生了根本的改变。因而在新中国成立不到 10 年的时间里，就甩掉了"东亚病夫"的帽子。一代青少年体质的指数都较他们的前辈有所改善和提高。作为评定人类体质状况的综合标志——人口寿命，由建国初的平均寿命 35 岁，提高到 1957 年的平均寿命 57 岁；据我国 1990 年第 4 次人口普查公布，我国男性平均寿命为 66.91 岁，女性平均寿命为 69.99 岁，男、女平均寿命已达 68 岁。与此同时，竞技体育也得到迅速发展。

在我国社会主义建设的发展进程中，尽管在前进的道路上曾遇到一些挫折，但在全国人民的共同努力下，我国体育事业不断克服困难，不断完善，不断发展。特别是党的十一届三中全会以来，在"一个中心、两个基本点"的基本路线指引下，随着科学技术的发展，具有中国特色的社会主义体育的理论和实践有了新的发展。1986 年在全国体育发展战略讨论会上，经过认真研究和认识我国体育在特定历史阶段的现状和发展基本特征之后，在"人民体质"、"学校体育"、"社会体育"、"竞技运动"、"体育人才"、"体育科技"、"体育场地设施"及"体育精神产品"8个方面，进行了一次系统的目标性预测和论证，为我国现代体育制定了具体的规划，争取到2000年实现体育强国的目标，从而加速了"全民健身战略"和"奥运会战略"的步伐，使我国现代体育有了新的发展。

在学校体育方面：国家教委、国家体委联合颁布了《学校体育工作条例》，进一步加强了对学校体育工作的领导。为突出"增强体质"这一根本任务，并从开发体力和智力的双重因素考虑，要求学校体育从根本上解决身心全面发展的问题，以迎接新技术革命的挑战；为了把学校体育和"终身教育"有机结合，学校体育还强调在发展各种能力的基础上，注重兴趣培养和养成运动习惯，以获得未来生活所必需的运动技能；为了适应深化体育改革的需要，学校体育又承担了造就优秀体育人才的历史使命。目前学校体育的发展正在不断完善，质量也在不断提高。

在社会体育方面：随着我国社会经济的发展，人民生活水平不断提高，在现代体育意识、观念的影响下，人们已开始有了不同程度的精神文化生活需要，并在重新考虑人生的价值。随着我国逐渐进入"老龄"社会，由健身操、迪斯科、秧歌、舞蹈、太极拳、气功等掀起的"公园体育"热，使中老年人适得其所。青年人则抛弃传统封闭的生活方式，掀起娱乐体育热潮，热衷于更能表现美感、新颖和富有兴趣的体育活动。一些人则出自对生活、情感和理想的执着追求，敢于冒险参加漂流、徒步或骑自行车长途旅游等锻炼意志品质的体育活动，以充分实现自我表现的价值。正因如此，使我国社会体育出现了前所未有的可喜局面，于是人们主动进行"体力投资"和参加"体育消费"，使用"行政手段"支配体育的状况，正在逐渐改变。

在竞技体育方面：据统计，1979 年至 1989 年我国已参加 74 个国际体育组织和 38 个亚洲体育组织，对外体育交流达 7 288 起，共 77 866 人次，是建国后前 30 年对外活动总数的 2.7 倍。1979 年到 1989 年的 10 年中，我国参加了两届夏季奥运会和三届冬季奥运会，共获 24 枚金牌、24 枚银牌、23 枚铜牌，改变了我国在奥林匹克运动史上从未获得金牌的历史。在参加世界性比赛中，共获得 362 个世界冠军，是前 10 年所获世界冠军总数的 12 倍。

我国的竞技体育的总体发展水平已进入世界先进行列。在多次世界性比赛中，我国游泳、跳水、体操、乒乓球、女子速滑和中长跑等项目，都已跻身世界前列。1990 年我国成功地举办了第 11 届亚洲运动会，并获得 183 枚金牌、107 枚银牌、51 枚铜牌，居亚洲各国之首。第 12 届亚运会，我国运动员参加了 31 个项目的比赛，获得 137 枚金牌、92 枚银牌、62 枚铜牌。第 13 届亚运会，我国仍雄居亚洲各国之首。我国连续 5 届在亚运会上保持金牌总数第一，成为名副其实的亚洲体育强国。

特别是在 1992 年举行的历史上规模最大的第 25 届夏季奥运会上，我国运动健儿勇夺 16 枚金牌、22 枚银牌和 16 枚铜牌，仅次于独联体、美国和德国队，金牌数和奖牌总数均名列第 4 位，大大超过我国历次参加奥运会的成绩，充分显示了我国现代体育发展的实力和潜力，令世界体坛瞩目。2000 年举行的第 27 届悉尼奥运会，我国健儿经过奋力拼搏，夺取了 28 枚金牌、16 枚银牌、15 枚铜牌，金牌与奖牌数跃居世界第 3 位，出色地完成了预定的目标，谱写了中华儿女自强不息的宏伟乐章，也表明我国已进入世界体育大国之列。

进入 21 世纪，"科技兴体"被提到议事日程上，体育产业有了新的发展。由于努力实施全民健身战略，我国群众性体育活动正由行政型向社会型转变，由事业型向经营型转变，由福利型向消费型转变。

第二章　高等学校体育

第一节　我国学校体育发展概况

学校体育是在以学校教育为主的环境中，运用身体运动、卫生保健等手段，对受教育者施加影响，促进其身心健康发展的有目的、有计划、有组织的教育活动。学校体育属于教育范畴，无论在哪种社会条件下，都受该社会的政治、经济、文化教育的影响和制约，并通过培养人才为之服务。

一、古代学校体育

我国奴隶制社会时期，奴隶主为维护自己的统治地位和扩大疆土，实行文武合一的教育。西周时期实行"六艺"（礼、乐、射、御、书、数）教育，其中射、御即是军事训练和身体训练的内容，礼、乐中的舞蹈，也具有身体锻炼的作用。

在我国长期的封建社会里，教育受儒家思想统治，重文轻武，鄙视体力劳动，只强调"传道、授业、解惑"，学校体育几乎中断。汉代的"独尊儒术"，学校教育以"六经"（诗、书、礼、乐、春秋、易）为基本内容。隋唐实行科举制，文、武逐渐分途。宋代至清代的教育，进一步主张静生学习，重文轻武，学校教育基本上将体育排除在外。虽然奴隶社会学校体育优于封建社会，但古代学校体育整体水平很低。学校体育获得发展是近代、现代社会发展的结果。

二、近代学校体育

我国近代学校体育是受欧美、日本的影响而逐渐形成的。欧洲文艺复兴以后，资产阶级思想家、教育家提出培养完善全面的人的教育思想，并在理论与实践上重视体育的作用。捷克教育家夸美纽斯认为："通过体育活动可以达到身心健康。"瑞士教育家裴斯泰洛齐主张体育应与教育的其他方面配合进行，以保证人的和谐发展。1903 年清朝政府颁布《奏定学堂章程》，规定所有学校都设体操科，以日本和德国的普通体操和兵式操练为主要教学内容。1923 年北洋政府公布的中、小学《课程纲要草案》，正式把"体操科"改名为"体育科"，将以兵式操练为主改为游戏、田径和体操等综合性体育项目。但是由于当时的经济、文化教育不发达，学校体育地位低、条件差，学生健康状况很不好。

三、现代学校体育

中华人民共和国成立后，以马克思主义关于"人的全面发展"的教育学说为指导，把体育作为全面发展教育的组成部分，并在教育方针中规定："应使受教育者在德育、智育、体育几方面都得到发展，成为有社会主义觉悟有文化的劳动者。"使学校体育获得了前所未有的发展。党和政府十分关心学校体育和学生的健康，在教育部门和体育部门中设立负责学校体育的机构，配备必要的人员管理学校体育工作，制定并颁布了一系列有关学校体育的规章制度，使学校体育的发展得到了组织保证。对学校体育投入了大量的人、财、物，开展学校体育的科学研究工作，进行了大规模的学生体质健康监测工作，全面推动了学校体育课教学、课外体育活动、课余训练与竞赛等工作，提高了全体学生的健康水平，并开展了广泛的学校体育的国际交流活动。

教育部颁布的教育计划明确规定，从小学到大学二年级，体育课为必修课，每周两学时。自 1956 年至今，国家教育领导部门几次颁发和修订体育教学大纲，提出了学校体育的任务、基本原则、内容和要求，使体育教育规范化、制度化，体育教学质量不断提高。

为进一步深化改革学校体育工作，适应社会发展对人才的需要，国家教委、国家体委于 1990 年 3 月 12 日联合颁布了《学校体育工作条例》。国家教委于 1990 年 10 月 11 日又印发了《大学生体育合格标准》和《大学生体育合格标准实施办法》的通知。贯彻执行两个文件加强了学校体育的领导和管理，使学校体育出现了新面貌，推动了学校体育的深入发展。

四、学校体育发展趋势

随着社会的不断发展、科学技术的进步，未来社会对劳动者的素质要求越来越高，学校体育作为教育的重要组成部分，将在劳动者再生产过程中随教育的发展而不断发展，并将继续发挥其重要作用。因此学校体育日益受到国家的重视，不断增加对学校体育的投入，建立健全各级管理机构，加强对学校体育的组织领导与管理。学校体育与健康教育相结合，并注重学生独立锻炼身体的方法和能力的培养，为终身体育奠定基础。注意全方位开展学校体育工作，增强学生体质，提高部分有体育才能的学生的运动技术水平，促进德、智、体全面发展。注重弘扬民族传统体育文化，在相互影响、互相借鉴中向前发展。学校体育的国际性和开放性日益明显，国际间学校体育的各种交流活动日益增加和扩大。

第二节　高等学校体育的地位与作用

一、高等学校体育的地位

我国教育的宗旨是为社会主义建设服务，为人民服务。高等学校体育是教育的一个组成部分，它担负着培养德、智、体全面发展社会主义高级人才的重任。体育既是教育目标，又是教育内容、方法和手段。因此，在我国以多种法规的形式，确立了学校体育在学校教育中的地位。国家规定体育课程是学生的必修科目，它是学校各科教学的基础学科之一，学生接受体育教育，参加学校各项体育活动，既是他们的权利，又是他们的义务。体育与德育、智育、美育相结合，实现学校教育的整体目标。因而，学校体育在我国越来越受到人们的重视。

二、高等学校体育的作用

高等学校体育与我国体育事业的发展有着密切的关系，它是我国"全民健身计划"的重要部分。学校体育发展水平是我国群众体育普及水平的重要标志。此外，具有良好体育锻炼习惯和一定运动技术水平的大学毕业生走向社会后，还可以成为体育运动的骨干和指导力量，推动我国群众性体育运动的发展。

高等学校体育是培养我国体育后备人才，提高体育运动技术水平的重要途径。大学生在体能和智能上都有较大的优势，有条件，有可能，也应该为我国竞技体育的发展作出贡献。《学校体育工作条例》规定："学校应当在体育课教学和课外活动的基础上，开展多种形式的课余体育训练，提高学生的运动技术水平。普通高等学校经国家教育委员会批准，可以开展培养优秀体育后备人才的训练。"学校体育从一个侧面反映了我国体育运动的发展水平，它也是我国群众体育的基础。

学校体育对丰富学生业余文化生活、建设社会主义精神文明有着积极的作用。学生在紧张的学习生活中，需要健康的、文明的、丰富多彩的、和谐的课余文化生活，以有利于学生身心健康的发展。体育活动能使大学校园充满活力与生机，并以其丰富多彩、形式多样的内容，吸引广大学生参与和观赏，在身体力行中，既增强了学生的体质，促进了智育发展，又可以培养学生勇敢、顽强、坚毅等思想意志品质，以及团结战斗的集体主义精神。通过体育比赛，可以培养学生奋发图强、艰苦奋斗的拼搏精神和高度的责任感、荣誉感，培养学生良好的体育道德风尚，培养学生热爱祖国和建设祖国的爱国主义思想，培养学生树立正确的审美观。因此，开展学校体育活动，是占领课余思想阵地，引导学生健康、文明生活，抵制精神污染，防止和纠正不良行为的重要手段。

　　综上所述，体育在学校教育中的地位和作用十分重要，它关系到学生的体能和智能的发展，关系到学生在校学习和终身生活，关系到我国社会主义物质文明和精神文明建设，关系到全面贯彻执行党的培养德、智、体全面发展的建设人才的教育方针。因此，学校各部门必须协调一致，密切配合，齐抓共管，全面完成学校体育的各项任务，以实现学校教育的整体目标。

第三节　高等学校体育的目的与任务

一、高等学校体育的目的

　　高等学校体育的目的即高等学校体育的总目标。根据我国现代化建设对当代大学生身心发展的要求和大学生的生理、心理特征、体育的功能以及我国的国情，我国高校体育的目的是：以身体练习为基本手段，培养大学生的体育意识，增强学生体质，增强学生的身心健康和体育能力，养成自觉锻炼身体的习惯，促进学生德、智、体全面发展，使之成为有理想、有道德、有文化、守纪律，体魄健全的社会主义现代化事业建设者和接班人。

二、高等学校体育的任务

高等学校体育的任务是实施学校体育目的的具体要求。国家教委和国家体委联合颁布的《学校体育工作条例》，对学校体育的任务已做明确规定。

（一）增进学生身心健康，增强学生体质

大学生在校学习生活时期是身体生长发育的重要阶段，同化与异化作用基本平衡，生长和发育日趋完善与稳定，生理机能和适应能力均发展到较高水平，处于性发育成熟、人体生命活动最旺盛、身心发展的关键时期。在这一时期中，根据大学生的生理、心理特点，通过体育教育，促使学生遵守合理的作息制度，参与丰富的校园文化生活，重视营养卫生，积极参加体育活动，科学地进行锻炼，有效地促进大学生身心正常发育，发展身体素质和基本活动能力，提高健康水平和对环境的适应能力，增强对疾病的抵抗能力，从而以强健的体魄和充沛的精力保证在校期间的学习和迎接未来的工作。

（二）使学生掌握体育和卫生保健的基本知识、基本技术和基本技能，培养体育运动的能力和习惯

为了培养大学生的体育意识，掌握体育的基本规律，充分调动他们参加体育锻炼的积极性和自觉性，提高增强体质、增进健康的实效性，较系统地学习掌握体育和卫生保健的基本知识、各项运动的基本技术，学会科学锻炼身体的方法以及获得日常生活、生产劳动和国防建设中所必需的基本活动能力，逐步养成自觉锻炼的习惯，提高体育的文化素养和体育的审美能力，使其在学校的生活学习及走上社会后，在自己的工作岗位上，不但能独立进行自身的体育锻炼，而且成为推动全民健身运动的骨干和指导力量。

（三）提高运动技术水平，为国家培养体育后备人才

根据我国现代体育的设计蓝图，国家在提出"全民健身计

划"的同时，又制定了"奥运争光计划"的战略决策。学校体育应贯彻普及与提高相结合的方针，在广泛开展群众性体育的基础上，积极发挥高等学校在师资、场地设施和多学科方面的优势，充分利用大学生在体能和智能上的优势，重视大学生的生理、心理特征，对部分基础较好，并有一定专项运动才能的大学生进行系统的科学训练，不断提高他们的运动技术水平，使之既成为学校群众性体育活动的骨干，又成为国家优秀的体育后备人才。

（四）对学生进行思想品德教育，加强组织纪律性，培养勇敢、顽强、开拓进取的精神

作为学校教育重要组成部分的高校体育，必须根据自身固有的特点，根据学生参加活动的具体表现，结合体育教学，对学生进行潜移默化的思想品德、组织纪律性和意志品质等教育。培养学生热爱祖国和建设祖国的情感和意识，培养学生良好的体育道德和行为规范，培养学生团结协作的集体主义精神，培养自信心、自制力和开拓创新精神，培养热爱美、鉴赏美、表现美的情感与能力，使学生在知识、情操、意识、行为诸方面都有更高层次的追求，自觉确立文明、科学、健康的生活方式，使之在德、智、体诸方面都得到发展。

第四节　高等学校体育的组织形式

一、体育课

体育课是高校体育教育最主要的组织形式，也是实现高校体育目的任务的基本途径。《学校体育工作条例》中明确规定："普通高校的一、二年级必须开设体育课。普通高校对三年级以上学生开设体育选修课。"并在《中华人民共和国体育法》中又把"学校必须开设体育课，并将体育课列为考核学生学业成绩的科目"

作为法规条文，要求教育行政部门和学校必须认真执行。

（一）体育课的内容

体育课包括理论与实践两部分。

1. 体育理论课：通过理论课教学，使学生掌握必要的体育基本知识，建立正确的体育观念，掌握科学锻炼身体的方法和自我评价的方法，学习体育卫生保健知识，养成锻炼身体的习惯。根据《大学生体育合格标准》的要求，理论课作为体育课程考核内容的一部分。

2. 体育实践课：是以身体练习为基本锻炼手段，通过提供体育锻炼所需的运动场地与设施，以教师为主导、学生为主体的专门教学过程。通过体育实践教学，使学生较系统地掌握体育教学大纲中所规定的体育基本技术、技能，以增强体质，增进健康，全面提高学生的体能和对环境的适应能力。结合体育项目的特点，向学生进行思想品德和意志品质教育，促进身心全面发展。在体育实践课的教学过程中，学生在掌握运动技术技能的同时身体要承受一定的运动负荷，因此，体育实践课教学在遵循一般教学规律的基础上，还必须遵循动作技能形成的规律、人体生理机能活动的规律和人体能力变化的规律。

（二）体育课的组织形式

为适应现代教育的发展趋势，根据个性发展的统一性、全面性、连续性和使学生终身受益的原则，目前高校体育课的组织形式主要有以下几种：

1. 普通体育课：是专为一、二年级学生所开设的必修体育课。教学内容具有基础性，教学要求具有普遍性，完成体育教学大纲中的基本任务。凡身体健康无残疾的学生都必须按规定要求通过考试标准。普通体育课有严格的学时规定及学籍管理的约束。普通体育课又包括基础课和选项课。基础课的主要任务是加强学生身体全面训练，以提高学生身体素质和运动能力，改善身体形态、机能、增进健康。在巩固和提高中学阶段已掌握的体育知识、技能的基础上，为下阶段的专项学习奠定基础。选项课则是为体质和体育基础较好，且有一定运动专长和爱好的学生开设的，它是在完成全面身体训练的基础上，根据学生的志愿以某一运动项目为主进行教学，使学生掌握该项目科学锻炼的基本知识、技术和技能，培养锻炼的兴趣和习惯，以及对体质和健康的自我评价能力，学习并掌握有关专项的主要规则和裁判法等。

2. 体育选修课：根据《学校体育工作条例》中的规定，普通高等学校对三年级以上的学生应开设体育选修课。它是在前两年体育教学的基础上，学生根据个人兴趣与爱好选修某一运动项目，进行专门训练，不断提高专项技术水平和能力，进一步提高学生体育理论水平和体育实践能力，培养学生独立锻炼的能力，为终身体育打下基础。其内容与选项课基本相同。

3. 体育保健课：体育保健课是专为个别身体异常和病、弱学生开设的必修课。其目的在于增强体力，帮助恢复健康，调节生理功能和矫正某些身体缺陷。根据《大学生体育合格标准实施办法》中的有关规定，参加保健课的学生须经自己申请并持医院证明，经所在学院（系）与体育部（体育教研室）同意。教学内容的选择注意保健性，一般多采用太极拳、气功及轻器械、慢节奏体操等。应注重创造轻松、愉快、和谐的课堂气氛，使学生增强战胜疾病的信心，达到康复的目的。

4. 季节课：是指充分利用当地的气候条件，有针对性地发展学生在某些项目上的能力，增强学生的适应能力。如夏季的游泳课、冬季北方的滑冰课以及滑雪等。

二、课外体育活动

课外体育活动是体育课的延续和补充，是全民健身计划的重要组成部分，也是学校体育的重要组织形式。包括早操、课间操、班级体育锻炼、体育课课外辅导、运动会及有组织的郊游等。虽不像课堂体育教学那样有规定的内容、严格的组织形式和考核标准，但根据《学生体质健康标准》中的有关规定，课外体育活动是综合评定学生体育成绩的一个方面，按早操和课外体育活动的出勤表现评分。课外体育活动的内容应以《学生体质健康标准》和体育课学习内容为主，并根据自己的兴趣和爱好等实际需要结合一些其他内容。时间可长可短，因人、因地、因时制宜，以振奋精神、活跃情绪、不过于疲劳且坚持经常锻炼为原则。可独立按个人计划完成，也可在教师指导下进行，或以体育俱乐部、体育协会等组织进行锻炼，以达到锻炼身体，增强体质，调节身心，消除脑力劳动引起的疲劳，为提高学习和工作效率服务之目的。

三、课余运动训练

课余运动训练是指利用课余时间，对部分热爱体育运动、身体素质好又有专项运动专长的学生，进行系统科学的训练的一种专门教育过程，是学生课外体育活动的重要组成部分。目的是提高学校竞技运动水平，推动群众性体育活动的开展，因此，它是高校体育贯彻普及与提高相结合方针的重要措施。高校运动训练项目的设置，应根据学校的师资力量、体育场地设备、传统运动项目等方面的具体条件来决定。特别是我国高校在试行"建立高水平运动队"之后，又赋予高校课余训练以新的含意。

四、课余体育竞赛

高校体育竞赛包括校内竞赛和校外竞赛。体育竞赛具有竞争性特点，可以起到活跃课余文化生活、振奋人心、激发情感、发展人际交往等作用，并且是检查体育教学、体育锻炼及运动训练效果的一种重要手段，因此是吸引广大学生参加体育活动的一种好形式。高校体育竞赛应以育人为宗旨，以校内竞赛为主，经常开展群众性的比赛，并贯彻小型多样、单项分散、基层为主、勤俭节约的原则。通过体育运动竞赛，检验学校的体育工作，培养学生勇敢顽强、拼搏进取、开拓创新、团结协作、遵纪守法等优良品质和集体荣誉感，增强体育意识，提高运动技术水平，培养和选拔体育运动的优秀人才。通过开展各种形式的校际竞赛活动，还可以扩大学生的视野，提高社会交际能力。

第五节　高等学校的体育制度

体育制度是指国家的体育机构、社会体育组织以及各种体育规章、制度、条件、措施的总称。高等学校体育工作是由国家教育部门领导，各级教育行政部门都设有负责管理学校体育工作的机构，各大专院校内都有一名校级领导人主管体育工作，并颁发了具有指令性和法规性的文件，具体领导和指导高校体育工作。如国家教育委员会、国家体育运动委员会于 1990 年 3 月 12 日颁布施行的《学校体育工作条例》；国家教育委员会于 1990 年 10 月 11 日颁发的《大学生体育合格标准》及《大学生体育合格标准实施办法》；国家体育运动委员会于 1990 年 1 月 6 日公布的修改后的《国家体育锻炼标准施行办法》；国家教育委员会于 1992 年 8 月 5 日颁发的《全国普通高等学校体育课程教学指导纲要》；国家建设部、国家计划委员会、国家教育委员会于 1992 年 5 月 3 日发布的《普通高等学校建筑规划面积指标》的通知；国家教委办公厅于 1992 年 12 月 12 日印发的《普通高等学校体育场馆设施、器材配备目录》的通知等。这些高校体育规章制度对推动我国高等学校体育工作，完成高校体育工作的任务，保证高校各项体育工作有秩序、有成效地进行有着重大的意义。

第三章　体育锻炼

第一节　体育锻炼的作用和特点

一、体育锻炼的作用

体育锻炼（亦称身体锻炼）是人们运用各种身体练习的内容、手段及方法，并结合自然力和卫生因素，以发展身体、增强体质、增进健康、陶冶情操、丰富文化生活为目的的身体活动。实践证明，经常参加体育锻炼不仅能够增强肌力、提高素质、改善心血管系统功能；能够改变人的性格，革除沉傲孤僻，培养勇敢顽强、自信、果断的性格；还能掌握生存技能，传递社会文化，调节精神，锻炼意志，促进正确姿势、姿态的形成，收到"健身、健心、健美"的效果。

二、体育锻炼的特点

1. 具有广泛的群众性。不论男女老少，不论何种职业，都可以参加适当的体育锻炼。

2. 体育锻炼的内容和方法多种多样。人们可以根据各自的实际情况，有针对性地选择不同的锻炼内容和方法。

3. 体育锻炼的组织形式灵活多变。可以集体锻炼，也可以个人单独锻炼，可以在统一规定的时间锻炼，也可以分散在各自安排的时间锻炼。

4. 与学习生活紧密结合。在校期间，体育锻炼可与体育教学、运动竞赛结合进行。

三、体育锻炼与体育教学、运动训练的区别

体育锻炼与体育教学、运动训练三者相互联系，相互渗透，有许多相同之处，又有明显区别。如都以身体练习为基本手段；都要承担一定的运动负荷；都要全面发展身体提高人体的机能；都有教育和教学的因素，并在内容和手段上也有许多是三者通用的。但在主要目的、对象、内容、运动负荷、组织形式等方面存在不同之处，见表3-1。

表3-1 体育锻炼与体育教学、运动训练的区别

分类\项目	体育锻炼	体育教学	运动训练
主要目的	增强体质，追求身心健康	增强体质，掌握知识、技术、技能	创造优异成绩，提高运动技术水平
对象	不同年龄不同性别的人	学生	运动员
内容	内容广泛，可根据需要自行选择	按规定的教学计划、大纲进行	以正式比赛项目为主、具有专项化性质
运动负荷	承受适当的运动负荷，以自定为主	承受适当的运动负荷，按要求进行	承受大强度运动负荷，按要求进行
组织形式	灵活多样，自主性较强	以教学班组织教学	在教练员指导下按明确规定进行
效果评定	自我测评为主，不需要社会承认	按教学大纲要求进行考核	通过竞赛确定成绩，被社会承认

另外，还需明确的是体育锻炼与体力劳动也是既有联系，又有区别的两种社会活动。尽管体力劳动也有锻炼的作用，但由于不少工种的劳动常常是在某种固定姿势下进行的，易引起局部肌肉疲劳，形成局部劳损或患职业病，而且还因长期缺少全身性活动，致使心肺等内脏功能下降、体质变弱。因此，在增进健康、增强体质方面，体育锻炼的作用是体力劳动所不能代替的。

第二节　体育锻炼的原则、内容与方法

一、体育锻炼的原则

体育锻炼的主要目的是为了增强体质，提高适应能力，使人延年益寿。要取得良好的锻炼效果，在锻炼过程中、就应遵守下列原则。

(一) 自觉积极性原则

自觉积极性原则又称意识性原则，是指锻炼者必须有明确的目的、确信锻炼的价值和作用、充分调动其主观能动性、积极自觉地进行体育锻炼。毛泽东同志在《体育之研究》中指出："欲图体育之效，非动其主观，促其对体育自觉不可。"体育锻炼是一个自我锻炼、自我完善的过程，总是伴随着克服自身惰性、战胜各种困难，方能达到预想的结果，否则就很难取得理想之功效。

首先，体育锻炼与学校体育教学、运动训练，有着明显的区别，完全是靠锻炼者本身的自觉性，没有强制的必须执行的纪律，所以主观因素在体育锻炼过程中将起决定性作用。

其次，除主观因素外，还受锻炼者自身的惰性、体力和情绪的影响。在锻炼过程中身体要承受一定的运动负荷，要付出一定的体力，甚至要经受大自然的风霜雨雪的考验等。因此坚持锻炼在心理上要有战胜各种困难的决心和信心。

第三，锻炼者通过丰富体育锻炼知识，掌握科学锻炼的方法，以指导自己积极自觉地从事体育锻炼，并获得事半功倍的效果，更加激发自己锻炼的自觉性，使自己通过锻炼终身受益。

怎样才能提高体育锻炼的自觉积极性呢？

1. 明确体育锻炼的目的，激发自觉锻炼的欲望。人体对身体锻炼的需要是非常广泛的，其中最大的需要就是健身强体的需要，因为健康的身体是人生存和享受的首要条件，是高效率工作学习、愉快生活的前提。在人生的不同阶段，对强身健体的需要是共同的。

2. 培养兴趣、养成习惯。体育锻炼的自觉性一方面依赖于努力达到目标的毅力，另一方面来自于锻炼内容的吸引和兴趣。兴趣是选择锻炼内容的主要因素，是人们认识某种事物或从事某种活动的倾向，有直接兴趣和间接兴趣之分。直接兴趣在体育运动中占重要位置，大部分锻炼内容对人们产生直接兴趣，并能引发人们锻炼的欲望，如各种球类运动、武术运动等。间接兴趣是体育运动中需要引导和体育运动对人体固有的影响而产生的。如中长跑项目就其项目本身而言比较简单、乏味，很难引起人们的兴趣，但中长跑运动能锻炼心肺功能，从而间接地引发了人们的兴趣。

兴趣能够引发人的自觉性，但兴趣由于多次重复也可能会出现转化和淡化的现象。因此，体育锻炼的自觉性还要依赖于养成锻炼的习惯，只有把体育锻炼纳入日常生活之中形成规律，才能逢时必出，积极主动，自觉锻炼。

3. 定期检查锻炼效果，不断激发新的需要。体育锻炼效果的评价方法主要有自我监督法、标准对照法、指数评定法、12分钟跑评定法等。通过定期检查、信息反馈，进一步了解锻炼效果，有利于增强信心，从收获中得到满足，从满足中提高兴趣，从兴趣中不断引发新的需要，周而复始，自觉锻炼。

(二) 持之以恒原则

常言道："流水不腐，户枢不蠹"，体育锻炼也是如此，必须经常、持之以恒，体质才能增强，人体的基本活动能力才能保持和不断提高。实践证明：坚持经常锻炼，能使人体的新陈代谢增强，促进体内异化作用，继而达到同化作用的加强，加快体内物质合成，使人体结构和功能的变化得到提高，并可使骨骼坚实、

韧带牢固、肌肉粗壮、肺活量增大等。如果不是持之以恒，而是
"三天打鱼，两天晒网"，间断进行，前次的作用痕迹已经消失，
后一次锻炼的积累就少，就不可能收到明显的锻炼效果。若长期
停止锻炼，各器官、系统和动作技能形成的条件反射就会慢慢减
退，这正是"用进废退"的道理。因此，只有坚持经常锻炼的
人其运动素质、基本活动能力和各器官机能等方面才能得到真正
的提高，达到强身健体的效果。

如何才能使体育锻炼持之以恒、经常不断呢？

1. 逐步养成自觉锻炼的习惯。要有规律地进行锻炼，并形
成较稳定的生物节奏，使每次锻炼之后对身体产生好的影响，使
积累逐渐增加。

2. 科学安排，循序渐进。树立终身体育锻炼的思想，在锻
炼内容、方法、手段的安排上要注意连贯、系统，由简到繁，由
易到难，逐步提高，并合理安排运动负荷。

3. 避免在体育锻炼中出现伤害事故。要讲究锻炼卫生，随
时注意安全，认真做好准备活动和整理运动，并对自身锻炼效果
做到心中有数，以指导后续锻炼。

(三) 合理安排运动负荷的原则

运动负荷是指身体练习时人体的生理负荷。合理安排运动
负荷的原则，是指在锻炼中恰当合理地安排运动负荷，使身体的
生理负荷量既能满足增强体质的需要，又能符合身体的实际承受
能力。运动负荷安排得是否恰当合理，直接影响到锻炼的效果，
负荷过大或过小对人体都不会产生良好的刺激。因此，在锻炼中
要因人而宜，选择适宜的运动负荷。

运动负荷是施于人体的一种综合运动刺激（包括运动强度、
时间、密度、数量和项目特点等）。人体对运动负荷的承受能力
有一个缓慢的适应过程，人体对运动负荷的承受能力也是随着锻
炼水平的提高，而由小到大逐步提高的。大运动负荷练习，能引

起机体的一系列较强的反应，促使机体在能源储备、各器官系统结构和机能以及神经系统调节机能等方面得到改善，并能取得较显著的效果。如果负荷量长期停留在一个水平上，则不能对有机体产生良好刺激。有机体的机能提高是按照刺激—适应—再刺激—再适应的规律有节奏上升的。因此，在进行体育锻炼时就应随着这个节奏和规律科学地安排运动负荷。

在实际锻炼中应怎样合理安排运动负荷呢？

1. 科学安排运动负荷的强度。练习强度是运动对身体刺激程度的计量，一般大都采用测量脉搏的方法来了解和控制。

每分钟脉搏在 160 次的锻炼强度大约是 80%；

每分钟脉搏在 140 次的锻炼强度大约是 70%；

每分钟脉搏在 120 次的锻炼强度大约是 60%；

每分钟脉搏在 110 次的锻炼强度大约是 50%。

研究证明，锻炼强度小于 50% 的没有明显的锻炼效果，大于 80% 的属于运动训练的强度。对于一般人来讲，身体锻炼时脉搏控制在 110～160 次/分之间为宜。

2. 合理掌握每次锻炼的时间。锻炼时间一般要根据强度而定，每次 5 分钟以上都属于有效范围。青少年锻炼可采用较大强度的短时练习。中老年人及体弱者宜采用低强度长时练习。运动实践表明，1 小时以内的运动对身体就可产生较好的影响。如果条件允许，锻炼时间最好控制在 30 分钟至 1 小时。

3. 从实际出发，科学安排锻炼次数。在坚持长期锻炼的同时还应根据自己的年龄、性别、职业及身体情况科学地安排锻炼次数。一般来说，上次锻炼的疲劳基本消除后就可进行下一次锻炼。每次锻炼的间隔，要根据锻炼的强度和身体状况来决定，但间隔超过一周，对机体不能形成有效的刺激，将失去锻炼的效果。

(四) 全面锻炼原则

全面锻炼是指体育锻炼要全面地发展身体各个部位、各器官系统的机能，使各种运动素质和活动能力都得到均衡发展。

人体是一个有机整体，各器官系统是相互联系、互为制约的，所以在体育锻炼时必须考虑其全面性，使身体形态、机能素质都得到提高。

全面锻炼有利于人体得到均衡发展。实践证明，经常锻炼的部位、器官和系统就会得到改善和提高，并逐渐形成形态学和生理学特征。如肌肉体积变化、机能水平提高，而很少锻炼的部位、器官和系统就有可能萎缩和退化，整个身体就得不到匀称的发展。

在锻炼中应怎样贯彻全面锻炼的原则呢？

1. 合理选择和搭配锻炼内容。因为所有的运动项目对人体的影响都有一定的局限性。就某一运动项目来说，可对身体的某一部位有影响或提高某一方面的运动素质，但很难达到全面锻炼全面提高的效果。因此，锻炼时应注意合理选择和搭配锻炼内容，以求身体均衡全面的发展。

2. 内外结合，形神一致。从表面看身体锻炼是各种明显的动作组成的肌肉活动，实际上它是由身体各器官系统相互配合共同完成的。因此，在注意骨骼、肌肉等锻炼的同时也应加强内脏器官系统的锻炼，做到内外结合、形神一致、全面发展。

二、体育锻炼的内容

体育锻炼的内容多种多样，极为丰富，根据不同的锻炼目的和要求，可分为以下几类：

（一）健身运动

健身运动是指一般健康人为增进健康、增强体质而从事的体育锻炼。通过锻炼发展人体内脏器官的功能，特别是心血管系统和呼吸系统的功能。还能发展人体力量、耐力、柔韧、灵敏和速度等运动素质，达到丰富业余生活、提高工作学习效率、延年益寿的目的。

健身运动一般多以有氧代谢为主，对运动量的控制要求较高。由于参加者的年龄、性别和健康状况不同，因而所采用的内容与方法也不一样。青少年应选用的运动项目有：田径、武术、游泳、滑冰、体操、舞蹈和各种球类活动等。

(二) 健美运动

健美运动是人们为了追求人体的健美而进行的体育锻炼。健美运动不仅可以增进健康，使内脏器官、系统的机能得以发展提高，还可改善人体形态和气质、培养审美能力和表现力。常选用的内容有：艺术体操、健美操、健美及各种舞蹈和冰上舞蹈等。

(三) 娱乐体育

娱乐体育是为了丰富文化生活，吸引人们愉快健康地度过余暇时间而开展的具有鲜明娱乐色彩的体育活动。

通过娱乐体育可以使人身心得到改善，身体得到锻炼，情操得以陶冶，适合各年龄段的人进行活动。主要内容包括：活动性游戏、球类游戏、旅游、游园、郊游、钓鱼、棋牌等。

(四) 医疗与康复体育

医疗与康复体育锻炼的对象是体弱有某些疾病、损伤或功能障碍的人，其目的是祛病健身恢复功能。一般情况下应在医生或专门教师指导下进行，采用体育手段，达到治疗疾病，矫正缺陷、早日康复的目的。

常选用的主要内容有：散步、慢跑、气功、太极拳及各种保健操、矫正操、韵律操等。但在具体内容的选择时，还应从不同的年龄、性别、健康等状况出发确定切实可行、有效的内容进行锻炼。

(五) 探险运动

探险运动是为了锻炼胆量、探求某方面知识、满足冒险心理和创造奇迹而进行的一种体育活动。探险运动具有一定的危险性，因此，在锻炼中要从实际出发，避免单纯为了追求险而脱离自身能力盲目行动。常选用的探险内容主要包括：利用汽球或简易的手段越洋、越江与爬山或从高处向下飘落、攀崖、徒步或骑车环球旅行、穿越沙漠等。

在选择探险项目进行锻炼时，一定要有充分的准备，特别是要从安全角度出发，要量力而行，不得超越自身能力去乱闯，以减少不必要的损失。

三、体育锻炼的方法

(一) 身体练习的基本方法

要获得最佳的锻炼效果，必须选择科学的锻炼方法。身体练习的基本方法是体育锻炼中最基本的方法，其中包括重复练习法、循环练习法、变换练习法、综合练习法、游戏法和比赛法等。

1. 重复练习法：重复练习法是指锻炼者在相对固定的条件下，按照计划和要求不改变动作结构和运动负荷的表面数据反复练习同一内容的方法。如50米中速跑3～6次，每次跑的距离与速度不变。这种方法适用运动负荷较小或时间较短的项目，动作技术比较复杂、难以掌握的项目及运动负荷安排较大，难以一次完成的练习。

采用重复练习法应注意的问题：

(1) 合理确定重复的要素。包括：重复练习的总次数、每次重复练习的距离或时间、每次重复练习的强度（速度或重量等），各次重复练习之间的间歇时间等。

(2) 切实保证每次重复练习的质量。不能由于重复次数多而降低要求，也不能由于疲劳而随意减少计划练习的数量。

2. 循环练习法：是根据锻炼的需要，选择几个不同的练习内容，搭配在一起，分别设在不同的作业点，并按一定的顺序依次循环进行练习的方法，如图3-1所示。

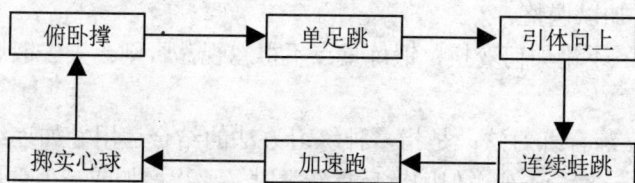

图 3-1

这种练习方法，可以弥补某些项目对身体发展比较单一和不足，使各项目之间功能互为补充，提高练习者的兴趣，达到全面发展身体的目的。

采用循环练习方法时应注意以下几个问题：

(1) 要根据锻炼的具体任务确定循环练习的各项内容，使之相互配合。如上下肢、不同部位互相搭配，速度、力量、柔韧相互搭配等。

(2) 合理确定各项练习内容的比例和顺序。不一定强求每项内容时间平均分配，在大多数情况下，确定一个中心内容，其他内容围绕中心内容进行。

(3) 正确安排每项内容及每组练习之间的间歇时间，以利及时恢复体力，高质量完成练习。

3. 变换练习法：是指在改变锻炼内容、强度和环境的条件下进行练习的方法。如变换练习项目、提高或降低运动负荷、调整练习要素、变更练习点等。采用变换练习法，能够提高中枢神经系统的灵活性、发展身体的调节能力和适应能力，同时对修正计划、活跃气氛也有一定价值。

采用变换练习法时应注意的问题：

(1) 变换要以锻炼的实际需要为前提，有针对性地考虑安排变换条件。

(2) 科学安排、灵活掌握、变换锻炼内容和计划，视身体反应及时加以调整。

(3) 不论如何变换，锻炼重点不得忽视，否则会失去锻炼的意义。

4. 综合练习法：是指多种练习方法的结合运用。如连续举重 8 次，重量不变，但间歇后重新举时又逐次增加或减少重量。也即重复练习法与变换练习法结合运用。该练习方法能使机体运动负荷总量增加，达到培养吃苦耐劳的目的。

在采用综合练习法时应注意，从实际出发量力而行，合理安排。

5. 游戏法：游戏法是指在身体练习过程中以集体活动的形式激发兴趣，以娱乐为主进行练习的方法。该方法可充分发挥个人的主观性和创造性，并在紧张、活泼、愉快的气氛中使身心得到锻炼和发展。

在采用游戏法进行练习时，应注意场地环境，安全第一，按规定和要求进行，以防不必要的损伤。

6. 比赛法：是指通过竞赛体现人体运动能力决出胜负的练习方法。该方法竞争性强、对抗性强，能最大限度地发挥机体能力和智慧，有效地发展身体素质，巩固提高技术，提高中枢神经系统的协调性和灵活性，培养良好的意志品质和道德作风。

在采用比赛法时应考虑自己掌握技术技能的实际情况，在已掌握技术的情况下可选用比赛法。

(二) 自然力锻炼的方法

自然力锻炼的方法是指人们利用各种自然条件（如日光、空气和水等）进行健身锻炼的方法。该方法可提高人体对外界环境的适应能力，增进健康，增强体质。常采用的自然力锻炼方法有下述几种。

1. 日光浴：是指人体皮肤直接在阳光下照晒，并按一定的要求（如阳光的强度、照晒的顺序、时间等）进行。太阳光中的红外线、紫外线和可见光线对人体有良好的影响。如日光中的红外线可深入身体内部起加热作用，使深层组织的血管扩张，心跳强而有力，呼吸加深，加速全身新陈代谢。日光浴的具体方法如下：

姿势：卧位、用伞遮挡头部，戴上墨镜更好。

时间：应选择一天中光热合适的时候。开始时，时间应短些，如果身体反应良好，可逐渐增加到 1～2 小时左右。

注意事项：

(1) 日光浴宜从天气转暖时开始，并在夏季坚持下去。应掌握好时间和日照强度。

(2) 三个月以内的婴儿、妇女在月经期和分娩后一个月内不宜进行日光浴。在空腹、饱腹或过度疲劳的情况下也不宜进行日光浴。

2. 空气浴：空气浴主要是指利用气温和皮肤之间的温度差异形成对人体的刺激，使体温调节功能适应外界温度变化的锻炼方法，以提高人体机能的活动能力。

空气浴按其热感不同可分为三种：20～30℃为热空气浴，15～20℃为凉空气浴，4～15℃为冷空气浴。空气浴应从温暖季节开始，逐步向寒冷季节过渡。天气越冷，每次锻炼时间越短，以不出现寒颤为度。

注意事项：

(1) 空气浴应尽量少穿衣服，在空气新鲜的地方进行。如在树木繁茂、长满庄稼的地方或江河湖畔附近进行。

(2) 空气浴的时间应严格掌握。在一次空气浴过程中，身体因冷空气的刺激，会出现三个阶段的反应：寒冷、温暖、寒颤。当身体出现不自主的颤抖时，应立即着衣结束空气浴。

(3) 在有大风、大雾和寒流时，不要勉强在室外坚持空气浴。

3. 冷水浴：冷水浴是一种用冷水进行锻炼或防治慢性病的

方法。该方法对神经和心血管系统有良好的作用，可以提高神经系统的兴奋性和有机体对外界气候的适应能力。其主要方法有：

(1) 冷水擦身：多为初学者采用，先从上肢开始，依次用冷水擦颈部、胸部、腹部、背部及下肢。然后用毛巾擦干。其时间不超过 2～5 分钟。

(2) 冷水淋浴：水温以 30～35℃开始为宜，时间不超过 1 分钟。然后，水温逐渐降低到 15℃或更低些，时间也可增到 2 分钟。

(3) 冷水浸浴：一般从夏、秋季开始，以早晚为宜。每次持续时间因人而宜，以不出现寒颤为度。

注意事项：

①冷水浴应从暖和季节开始，尽可能每天坚持锻炼。

②采用冷水淋浴和冷水浸浴时，应在健康检查后进行。

③在出大汗后、患病、妇女妊娠和月经期不宜进行冷水浴。

第三节　运动处方及个人锻炼计划

一、运动处方

运动处方是针对人体的身体状况而采用的一种科学的、定量化的体育锻炼方法。这种方法类似医生给病人开的处方，故得此名。运动处方的特点是因人而异，对"症"下"药"。可以避免不合理的运动损害身体，更好地达到健身和预防疾病的目的；可以吸引更多的人，促进体育锻炼的普及和科学化。

运动处方的种类繁多，对象广泛。以发展身体、增进健康、增强体质为目的的，称为健身运动处方；以中老年人为对象的，称为预防性运动处方；以某些慢性病患者、某些急性病和创伤的康复患者为对象的，称为治疗性运动处方；此外，还有针对竞技运动员的，称为竞技性运动处方。

运动处方的实施过程包括下列环节（按照图 3-2 所示的程序进行）。

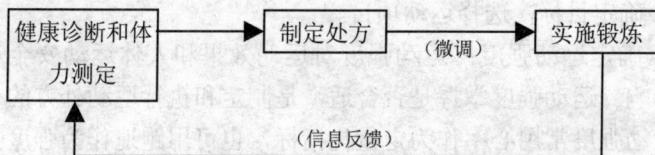

图 3-2

(一) 健康诊断和体力测定

运动处方制定是基于充分考虑人体的健康状况这一因素之上的。因而制定运动处方前，首先应对实施体育锻炼的人进行系统的健康诊断，以便放心地参与运动。如果有病，则先治病，或按治疗性运动处方，并在运动处方医生或指导教师监督下进行体育锻炼。然后进一步作心肺功能测定，以了解自己的体力水平。目前多采用凯·库珀氏的 12 分钟跑的方法来测定心肺功能（12 分钟跑测验评价表见表 3-2）。最后根据各项检查结果，结合性别、年龄和运动经历制定运动处方。

表 3-2　12 分钟跑测验评价表　　　　　单位：米

性别	体力划分	30 岁以下	30～39 岁	40～49 岁	50 岁以上
男	一级极差	1 600 以下	1 500 以下	1 400 以下	1 300 以下
	二级极差	1 600～1 999	1 500～1 799	1 400～1 699	1 300～1 599
	三级稍差	2 000～2 399	1 800～2 199	1 700～2 099	1 600～1 999
	四级好	2 400～2 799	2 200～2 599	2 100～2 499	2 000～2 399
	五级极好	2 800 以上	2 600 以上	2 500 以上	2 400 以上
女	一级极差	1 500 以下	1 200 以下	1 000 以下	
	二级极差	1 500～1 799	1 200～1 499	1 000～1 399	
	三级稍差	1 800～2 199	1 500～1 799	1 400～1 699	
	四级好	2 200～2 599	1 800～2 299	1 700～2 199	
	五级极好	2 600 以上	2 300 以上	2 200 以上	

（二）制定运动处方

运动处方的内容包括：确定目标，选择运动项目，确定运动强度、运动时间和运动频率。

1. 确定目标，选择运动项目。

2. 确定运动强度：运动强度对运动效果和人体运动安全有直接影响。运动强度掌握是否合适，是制定和执行运动处方的关键。运动强度常用心率作为定量化指标，也可用跑速作为强度指标。运动处方规定的心率数，多采用计数脉搏的方法来掌握（测10秒钟脉搏数乘以6）。

运动中的心率数是随年龄增大而减少的。表 3-3 是根据年龄推算出的相应运动强度（心率）。体育锻炼者确定运动强度时应注意：以健身为目标的耐力性运动，通常采用中等强度；体质健壮且运动基础好的年青人，运动中强度可稍大；放松性活动一般采用小强度。肢体功能锻炼和矫正体操的运动强度及运动量，应依肌肉疲劳程度而定，不用心率来判定。

表 3-3　按年龄划分的运动强度　　　　　心率：次/分

强度\年龄		20～29 岁	30～39 岁	40～49 岁	50～59 岁	60 岁以上
大强度	100%	190	185	175	165	155
	90%	175	170	165	155	145
中等强度	80%	165	160	150	145	135
	70%	150	145	140	135	125
	60%	135	135	130	125	120
小强度	50%	125	120	115	110	110
	40%	110	110	105	100	100

注：该表引自〔日〕体育科学中心。

3. 确定运动时间（每次运动时间）：健身运动时间按规定不

得少于 5 分钟，一般应控制在 15～60 分钟为宜。医疗体操可根据具体情况而定。运动强度和运动时间共同决定运动量。运动量确定后，运动强度大时，持续时间则较短。所以，采用同样运动量时，青年人或体质较好者，强度可稍大，持续时间相应缩短些；而中老年人或体质较差者，则宜较小强度，持续时间相对长些。

4. 确定频率（周锻炼次数）：每周锻炼的次数与运动效果密切相关。对运动员而言，每天安排一次训练是必要的。但以增强肌肉力量为目的的体育锻炼，勿须每天进行，初始每周安排三次锻炼即可（隔天进行）。据有关学者研究表明，每天锻炼和隔天锻炼，其肌肉力量增长效果是一样的；但耐力锻炼的效果与频率的关系是频率越大、收效越大。实践证明，以增进健康、保持体力为目标的体育锻炼，可结合个人学习、生活和工作情况，每周3～5 次为好，重要的是养成锻炼的习惯。

（三）实施体育锻炼

在实施过程中，允许根据当时的主客观情况，对原定的处方作微小或部分调整，使之更加切合实际。体育锻炼中，应随时了解身体变化情况，掌握信息反馈，不断修改运动处方，以便获得最佳效果。

二、个人锻炼计划

按照一定的锻炼计划进行体育锻炼，可以避免体育锻炼的盲目性和片面性，有利于提高体育锻炼的质量，养成良好的生活习惯。

一个完整的锻炼计划包括锻炼的目标、内容、方法、时间等。有关锻炼的目标、内容，前文已做了比较详尽的阐述。下面仅以大学生在制定个人锻炼计划中应注意的几个问题作简单介绍。

（一）个人锻炼计划应结合体育课教学内容和课外锻炼内容

制定个人锻炼计划时，要把体育课的教学内容和课外体育锻炼内容纳入计划中，积极开展《国家体育锻炼标准》达标项目锻炼，复习、巩固和提高体育课所学内容，以此相互促进，相互弥补，获得锻炼效果。

(二) 个人锻炼计划的制定要注意全面发展

在考虑到自己的兴趣爱好的同时也要考虑到自己的不足之处，即发展提高自己有兴趣或擅长项目的同时也要努力克服自己的弱项和不足。在具体锻炼中，应重视不同身体素质的均衡发展，以及身体素质与其他活动的有机结合，要避免单一项目长期锻炼，以求全面协调发展。

(三) 合理安排每周锻炼次数和时间

根据学校特点，大学生在制定个人锻炼计划时，其周锻炼时间和次数一般可作这样安排：早操每周 3～4 次，时间为半小时，进行晨跑、徒手操或太极拳等练习，运动强度不宜过大；课外活动每周 2～3 次，最好与早操和体育课当天隔开进行，时间为 1～1.5 小时。内容的安排上分为两种情况，有体育课的年级除了选择球类活动配以身体素质锻炼外，还要安排复习、巩固和提高课中所学的内容；无体育课的年级则选择球类活动配以身体素质锻炼。在此基础上，还要根据学习任务进行调整，如某一时间学习负担重或处于考试期，其锻炼次数和时间均可酌情减少，但必须保证每周不得少于 2～3 次户外活动锻炼；若学习负担轻或是假期，则相应增加。

(四) 保持体育锻炼不间断

应制定个人锻炼计划，作为大学生可以一个学期或一个学年为周期进行，并保证计划的连续和不间断，无论什么时期，只能进行酌情调整，不能中断锻炼，否则，既达不到预期目标，又不能获得良好收效。因此，体育锻炼必须是经常性的、长期的，只有把它培养成自己的生活习惯，才能取得效果。

第四章 运动卫生与保健

第一节 运动卫生与健康

运动卫生是指参加运动者根据其生理、心理特点，进行体育活动时应注意的卫生要求。为了增进健康、增强体质，大学生在体育锻炼中必须懂得卫生原则及其实施要求，尽可能避免、消除外界环境中不良因素对机体健康的影响，并充分利用外部环境的影响使身心得到健康发展。

一、体育锻炼卫生要求

（一）运动前要做好准备活动

准备活动是人们在体育锻炼、训练或比赛前进行的各种身体练习。通过准备活动对预防运动性的损伤，提高机体工作能力有重要意义。人在运动前，处于相对的安静状态，身体各器官的活动能力处于相对较低水平，运动时各器官系统进入了高度紧张的工作状态，这一"静"一"动"之间必须有个过渡，只有通过准备活动，才能做好身体和心理上的准备。作准备活动的必要性有以下几点。

1. 提高中枢神经系统的兴奋性，把较低的功能状态转为较高的兴奋状态，从而有利于中枢神经系统调节与肌肉活动有关的各器官系统间的联系，使肌体发挥最佳工作效率。所以，准备活动可使机体缩短进入工作状态的时间，尽快达到最佳活动水平。

2. 可预先克服人体各器官系统机能活动的惰性，使其能尽快适应肌肉活动的需要。

3. 提高全身物质代谢水平。准备活动使体温和肌肉温度升高，提高体内酶的活性，有利于肌肉中血流量增加，使肌肉获得更多的氧，而体温和肌肉温度升高可减少肌肉粘滞性，扩大肌肉活动的幅度，提高肌肉、韧带的力量、弹性和柔韧性，增加关节的滑液，提高灵活性，以减少运动中肌肉、关节和韧带发生损伤事故。

4. 提高心理上的适应性。准备活动吸引和诱导运动者的注意力，减少外界环境干扰和自身情绪影响，从而发挥主观能动性，提高运动效率。

准备活动的内容有一般性和专门性两种，其内容、顺序和时间因人、因地、因运动项目不同而异。一般是先进行一般准备活动，若参加竞赛可根据运动项目的特点，进行专门性准备活动。一般准备活动夏天约 15 分钟，冬天 25 分钟左右。准备活动应有一定的密度和强度，方能收到预期效果。但也不能过分消耗体力，一般活动应达到身体发热、微出汗、呼吸加深加快、心跳加强、主要关节感到灵活、身体感到轻松有力、兴奋性达到适宜工作状态为宜。

(二) 运动结束时要做整理活动

整理活动是指在体育锻炼后所做的放松练习。如调整呼吸和缓慢的全身活动，其量不宜过大，尽量使肌肉主动放松，使身体逐渐恢复到安静状态。这是因为人在剧烈运动时所引起各器官的生理变化并不能随着运动的停止而立即转为正常。呼吸减慢、心跳变缓和肌肉由紧张到放松需要持续活动，用整理活动来调整，方能逐渐平静下来。整理活动可以防止大量血液聚积在下肢，造成心血输出量突然减少，使大脑暂时性缺血，产生一系列不良反应，如恶心、呕吐、面色苍白、心慌，甚至因重力性休克而晕倒，因此在剧烈运动后，不要突然停下来。

整理活动应与结束时的运动相衔接，其内容以呼吸运动和较缓的全面运动为主。如自然放松走步、慢跑、徒手放松练习、简单的舞蹈动作、自我按摩和互相按摩等。

(三) 饭后不宜剧烈运动

人在饭后不宜立即进行剧烈运动。这是因为人在进食后需要加强胃肠蠕动和消化腺体的分泌活动,以利于胃肠对食物的消化和吸收。饭后血液大量进入消化系统,使该系统循环血量增加,如果饭后立即运动,消化系统的血液就会被重新调剂到运动系统中去,从而使胃肠工作能力下降,对食物消化吸收不利,久之会使胃肠功能紊乱。

消化系统是受迷走神经控制的,当人体进行运动时,交感神经兴奋,而迷走神经却抑制,于是消化系统处于暂时休息状态,小血管关闭,血流量减少,胃肠蠕动变慢,如果进一步缺血,可能造成消化道管壁平滑肌痉挛引起肠胃疼痛。又由于剧烈运动,人体需要大量的氧气,肺通量增加,这时膈肌的活动幅度加大,腹腔由于食物在胃内积存,如再剧烈运动,造成呼吸困难,同时也影响心脏的正常工作。

人体运动时需要从肝脏动员大量血液参加循环,此时肝脏的血液减少,而饭后在肠胃消化吸收的物质大多需要肝脏进行分解和再加工,进食后肝脏的血量必定增加,以满足代谢的需要,这时进行剧烈运动,要从肝脏中调剂血液,会影响肝脏的正常功能。

饭后立即进行剧烈运动会引起呕吐和运动中的腹痛。进食后食物经过胃需要一段时间才能到达肠道,剧烈运动使胃受到震动、颠簸,发生痉挛性收缩,易造成食物逆行,同时肠系膜受到牵拉,刺激内脏感受器引起腹痛。因此,饭后不宜做剧烈运动。剧烈运动应在饭后 1~2 小时进行,如在运动中出现呕吐或腹痛应降低运动强度或暂时停止运动。

饭后散步或进行一些较轻缓的活动,可促进消化系统的血液循环，增进消化腺液分泌和消化器官的运动，使呼吸加深，膈肌、腹肌的活动量加大，对消化系统起一定的按摩作用，能提高消化与吸收的机能。

(四) 运动时饮水要适当

水是人体的重要组成部分，它参与体内物质代谢、体温调节等生理过程。机体内的水分保持正常，才能保证身体健康。饮水要适量，过多过少都对器官的正常功能有所影响，从而导致运动成绩的降低。饮水过多，会增加消化器官的负担，大量的水进入血液，也加重了心脏的负担。饮水过少，使机体缺水，影响正常的生理机能，产生口唇发干、全身无力、精神萎靡、容易疲乏等现象。

一般人每天需水量约 2 500 毫升（含食物中的水分），运动时排汗较多，需水量亦大。尤其是剧烈的运动，人体分泌大量的汗液，汗液与盐分等物质一同排出体外，实际上也就是降低了血液中的盐浓度，造成体内大量缺水缺盐，使血液的渗透压降低，破坏了体内水和盐的代谢平衡，从而影响了机体的正常生理功能。盐和水的过多损失，使人口渴想喝水，喝了水又大量排汗，如此形成恶性循环，严重时肌肉就会不由自主地强直收缩，引起痉挛，长此下去会影响食欲与消化，引起肠胃疾病。同时大量的水摄入人体，短时间也不能完全被吸收到血液中。过多的水聚积在肠胃内，使胃沉重、闷胀，使人感到不舒服，更甚者妨碍膈肌运动，影响呼吸节奏和深度。所以在运动中和运动后不宜立即大量饮水。若感觉口渴并非完全表明体内缺乏大量的水分而需要立即补充。事实上，口渴是由于剧烈运动时的呼吸张口喘气，口腔、咽喉等呼吸道以及食道上部粘膜上的水分散失变得干燥所致，此时只需要用水漱漱口湿润一下咽喉即可；即使饮水也要多次少量饮用温开水，逐渐补充丢失的水分，每次以 150～200 毫升为宜，每次间隔 15 分钟以上。在排汗多的情况下应配制一些淡盐水（浓度在 0.25%～0.5%之间）饮用，以补充丧失的盐分。待机体平静后，可多饮用些水，以加速体液的恢复。

运动后不能立即吃冷的食物，因为运动过程中不仅体温升高，而且机体内大量的血液为肌肉进行供能活动，肠胃等内脏器官所获得的血液量相对较少，消化系统处于抑制状态，突然吃进过冷食物，会强烈刺激肠胃，引起功能紊乱，出现腹泻、腹痛、呕吐等。

二、运动场地器材的卫生要求

(一) 运动场地卫生要求

为保证体育锻炼者在锻炼时的自身安全和卫生及他人的安全与卫生，运动场地器材的卫生安全是极其重要的，作为运动者绝不能忽视，否则会造成伤害或染上疾病。在室内进行体操练习时要仔细检查调整器械的连结部分，助跑道表面及弹跳板是否光滑或有铁钉露出，海绵垫要有弹性且平展，杠面要平滑清洁。室内要采光明亮，无尘、无空气污染且通风良好。在游泳时应选择水质好的游泳池或水质好无草和漩涡的天然河流、湖泊等，以防传染皮肤、眼睛、鼻腔和口腔等疾病或发生危险。在室外进行田径运动时要选择无凸凹、沟坎和碎石杂物的跑道，选择无砖头、石块、木棍、竹片、铁钉等杂物的沙坑，沙坑应掘松耙平。进行球类运动时应选择平坦、结实、无碎石且场地不应过硬、过滑的球场。在练习健美运动时要选择平坦，环境清洁，空气流通，没有干扰的场地进行，一方面可以避免事故的发生，另外可集中注意力，心情舒畅，有利于锻炼。

(二) 运动器械卫生要求

进行运动时使用的各种器材要符合卫生要求和技术要求。如使用的钉鞋要合脚，不能过大或过小，钉子要牢固地固定在鞋底，不能使用断钉、缺钉或钉子歪斜的钉鞋。撑杆的质量要好，杆部无裂纹。链球的连接部分要牢固,手环要光滑,不能有毛刺。标枪的杆部无裂口。栏架的压砣视栏的高度要摆放在适当的位置等。又如器械体操的单、双杠杠面除保证光滑外,应经常将杠面的碳酸镁粉积物用砂纸磨除,各种海绵包垫要经常打扫除尘,并保持平展。又如使用的篮、排、足球等,应保持一定的圆度,表面光洁,皮块裂开的球不使用。总之为了保证运动者的健康安全,防止事故发生,在练习前必须仔细检查器械,如有沾污应清除,不安全因素应消除。

(三)衣着要适合运动的需要

体育锻炼者对服装的选择应是衣料透气、疏松多孔,便于散热,便于吸收和蒸发汗液,要柔软轻松,否则会因多次重复摩擦而损伤肌肤。运动服大小要合适,夏天宜穿浅色单薄服装,可戴白色凉帽,冬天则应穿保暖服装,根据情况可戴手套和帽子。

鞋袜大小要合脚,并富有弹性和透气,穿着要舒适,运动时切勿穿凉鞋、皮鞋或赤脚。硬滑或过松的鞋袜会造成运动损伤。不合脚的鞋袜易引起脚部疾患,如鸡眼、汗足、脚趾变形等。

三、卫生与健康

(一)良好的生活制度

生活制度是指合理分配一天的学习、休息、饮食、睡眠和体育锻炼的时间,作为一种制度,使其固定下来。大学生在校学习期间应严格遵守学校的作息制度,因为它科学地分配了一天的活动,使学习生活能有序地进行。生活制度的意义就在于按照一定的规律安排各项活动,使神经系统逐渐形成巩固的条件反射,使所控制和支配的各器官系统的活动做到有节奏地进行,从而形成"生物节律",以提高工作效率,并促进疲劳机体的有效恢复。实践证明条件反射形成的"动力定型"是多次重复的结果,也是机体活动的"节能化",它有利于提高工作和学习的效率。

1. 良好生活制度的卫生要求：

(1) 学习和休息：遵守学校的作息制度，并结合自己的实际做到劳逸结合，既集中精力学习也要注意身体健康。安排休息可促进疲劳的恢复，还可采用通过学习方式和内容的改变来调节安排，这在一定情况下可以防止和延缓疲劳的发生。

(2) 饮食：合理的饮食制度可以保证身体摄取足够的营养。要定时进餐，进餐的时间与运动的时间应有一定的间隔，饭后 1 小时方可运动，剧烈运动后适当休息或 30 分钟后再进餐，切忌暴饮暴食，以免引起肠胃不适和增加心脏负担。

(3) 睡眠：每天应定时睡眠和定时起床，要保证有 8 小时的睡眠，午饭后最好有一定时间的午休。为了良好的睡眠，睡前应避免大脑过度兴奋，可适当散步，使心情平静，睡前室内要通风。漱口刷牙，用温水洗脚，保证床铺清洁卫生等，这样有利于睡眠。

(4) 体育锻炼：早晨起床后应做早操，使机体由睡眠状态转入清醒的工作状态。早晨运动量不宜过大，以免影响上午课程的学习。课间操时间应主动到室外活动，有助于消除学习中产生的疲劳。课外体育运动应根据自己的兴趣和爱好选择，最好多样化，运动量的大小自己掌握，一般锻炼以 1 小时为宜。

晚上不宜进行剧烈运动，否则会影响睡眠。

(5) 戒除不良嗜好：吸烟对人体产生的危害主要是其中的烟碱——尼古丁。它对人体的危害是多方面的：烟碱对中枢神经系统有先兴奋后麻痹的作用；烟碱能加强肾上腺的活动和提高交感神经的兴奋性，会引起植物性神经系统机能的紊乱；长期吸烟可导致发生神经过敏、失眠、记忆力减退和注意力不集中等神经衰弱现象；烟碱刺激交感神经产生兴奋，能使血压上升，心跳加快，血管硬化，这对运动员是非常不利的；由于烟碱对横纹肌有先兴奋后抑制的作用，但兴奋极为短暂、轻微，随后抑制则持久、严重，所以吸烟能使肌肉力量减弱，效能降低；烟中的烟碱、CO

及 CO_2 等物质对呼吸器官的粘膜有刺激作用，长期刺激，能引起呼吸道炎症；CO 进入血中，可与部分血红蛋白结合而降低血液的输氧功能；吸烟也可使牙齿变黄，味觉减退；烟碱还有抑制胃肠蠕动和减少消化腺分泌的作用，因而引起消化不良；烟碱对胃粘膜的经常刺激，还能引起慢性胃炎等。吸烟有害人体，应坚决禁止。

酒对人体发生危害是其中的酒精。酒精能降低高级神经中枢的抑制过程，使大脑皮层的功能紊乱，记忆力衰退，意志薄弱，运动能力下降，动作的准确性和协调性都会显著降低。经常过量饮酒会引起血管硬化；肝脏会发生脂肪性变，降低肝脏机能，最后引起醇毒性肝硬化。

(6) 讲究清洁卫生

在进行体育锻炼时，由于血液循环加快，肌肉活动增加，新陈代谢加强，故皮脂腺的分泌和汗腺的排泄增多，使人感到有汗腻。加之锻炼时着装轻便，肢体显露于外，环境中的尘埃触落在皮肤上，与皮脂汗液结合，形成大量的汗垢。故运动后应洗澡或创造条件用温水擦身，以加速疲劳的恢复，但勿用冷水洗澡。因为运动后，运动神经仍处于兴奋状态，体表的毛细血管扩张，向外散热，大部分血液仍在皮肤和肌肉内，若采用冷水洗澡，皮肤肌肉的毛细血管遇冷收缩，使血液很快流向心脏，急骤地增加了心脏负担，可能出现心慌、气短和头晕，甚至致病。

(二) 调适精神卫生

人在运动时不是孤立的，而是受外界环境的影响，是特定代谢过程中的有机体，是不断的与自然和社会环境作用的身体和精神结合的整体。由于客观现实的刺激和大脑功能产生的心理活动，如思想、感情、意志、动机、判断和由此产生的行为，都会影响机体的某种生理过程，使人体内部失衡而影响人体健康。实践证明：心理和社会因素与遗传、生化、免疫等因素一样，在疾病的发生、发展、治疗和预防上都有一定的作用。古人言："狂喜伤心"、"怒伤肝"、"忧伤脾"、"思伤胃"，其理可明。所以在运动时加强精神调适，以正常的情绪，积极参加体育社会活动，结交知心朋友，培养广泛的兴趣和爱好，使生活丰富多彩。要胸襟宽阔，乐观开朗，心情舒畅地投入到体育运动中，以良好的心态，指导支配运动中的行为，克服自我心理失衡，从而达到体育的多功能效益。

(三) 运动对饮食的基本要求

运动和营养都是促进和维持人体健康的主要因素。前者可增强机体机能，后者则是构成机体组织的物质基础。两者科学配合，就能有效地促进身体发育和提高健康水平。

运动对饮食的基本要求如下：

1. 食物的能量供给应能保证锻炼时的需要。目前我国普通大学生每天能量消耗男生为 10.6×10^3 千焦，女生为 8.8×10^3 千焦，积极参加体育活动的男生可达 13.8×10^3 千焦，女生可达 10.6×10^3 千焦。

2. 食物中的营养素要齐全。蛋白质、脂肪和糖的比例对机体代谢状况和工作能力都有一定影响。它们在体内产热量的百分比以 14%：28%：58%为宜。而对于耐力项目的运动员可适当提高糖与脂肪的比例，三者百分比为 16%~15%：24%~25%：60%。食物中要有足够的维生素。在一般情况下，天然食物中各种营养素的比例是适当的，最好从食物中摄取维生素，若需要维生素制剂，最好用复合维生素。另外要有无机盐的补充，运动时大量排汗，无机盐随汗液流失，使血液中乳酸堆积，pH 值下降，促使疲劳发生，导致肌肉发生痉挛，故要补充钙、镁、氯、钠、磷等无机盐。以稳定血液中 pH 值，延迟运动性疲劳发生，防止肌肉痉挛。

3. 食物的每日热量分配应根据运动时间进行安排。一般上午运动时早餐应有较高的热量，食物中应含有较丰富的糖、维生素和蛋白质，少含脂肪和纤维素，以免肠胃负担过重。下午运动时，午餐应加强，但不可过量。晚餐的热量不宜过高，以免影响睡眠。

必须指出，早餐的重要性常被人们忽视，不吃或吃得较差是不可取的。应记住：一日三餐要早吃好、午吃饱、晚吃少。

4. 食物应多样化，宜新鲜、色香味俱全。选择食物应从营养观点出发，应多样搭配，注意营养素的"质"和"量"与全面性，并注意相互间的比例，这样既能促进食欲，又易于消化吸收。

5. 注意食物的酸碱平衡。常见酸性食物有：米、面粉、猪肉等主副食品。碱性食物有：蔬菜、瓜果、豆腐、牛肉、兔肉等。酸性食物可使体内酸性物质增多，降低血液中的碱储备，机体易产生疲劳。而碱性食物则与此相反，可中和一部分因剧烈运动而产生的酸性物质，有利于体内环境的稳定，以维持良好的运动能力。所以进餐"杂食"是保持体内酸碱平衡的良好习惯，应引起人们足够的重视。

(四) 环境卫生与健康

1. 社会环境：即人体发展过程中所处的社会环境，它对人们的物质生活条件起着决定性的作用。有利的社会环境能使人体得到正常发展，健康向上。而不利的社会环境却限制了人的正常发展，使人多病、萎靡颓废。当今社会制度的优越性，社会生产力的高度发展以及社会经济的发达，文化生活的丰富多彩，人际关系的和谐，对人体的发展产生着良好的作用。然而，由于社会生产方式的改变，使繁重的体力劳动大大减少，尤其对一些长期伏案工作的人，中枢神经系统负担重而身体缺乏运动，如不通过体育锻炼进行调节，长此下去，就可能出现新陈代谢低下、适应能力降低、肌力衰退、神经衰弱等现象。这些正是现代文明病的表现。由于都市化的生活，对人体发展带来不利条件，如城市人口的高度集中，高层建筑鳞次栉比，使人们很难接受大自然的哺育与陶冶。日光、空气、水这些自然因素对人体的锻炼也大大减少，加上城市工业化带来的大量毒气，淡水污染，水土流失，植物减少，使环境日益恶化，生态平衡遭到严重破坏，对人类健康造成了很大的威胁。由于人们的生活水平不断提高和改善，使人们从食物中摄取的热量越来越多。人们社会生活节奏大大加快，使人们经常处于紧张状态之中，精神上承受着很大的压力。现代生活方式的这种急剧变化，使现代人的机体结构和机能与生活环境之间产生了不平衡，出现所谓运动缺乏、营养过剩、无力气、无感情、生活能力下降及冠心病、高血压、神经官能症、肥胖病等现代文明病。在这种情况下，通过体育运动来调节人们的精神，增强体质，丰富生活，是保证人体健康的发展和人类正常生活的需要。

　　人们应该利用良好的社会环境，积极参加体育运动，利用现有的场地、器材、设备，发展自己的体育才能，利用房前、屋后、楼梯、走廊、林间小径、花坛边、马路旁等进行锻炼，使身心得到健康发展。

　　2. 自然环境：人与自然环境有一个内外统一与平衡的问题。自然对人体影响很大，人们应适应自然环境的变化。日光、空气、水是人类生存、享受和发展必不可少的因素。人们利用自然力进行身体锻炼，以提高对外界环境的适应能力，提高对疾病的抵抗力，对增进健康、增强体质有特殊意义。

第二节　女生体育卫生

　　我国女大学生一般处在 17 至 22 岁年龄阶段。在中小学教育的基础上，她们的生理、心理等都有了进一步的发展，并日趋稳定、成熟。但就人体生长发育全过程而言，她们的生理、心理仍在不断完善的过程中。本节就女大学生生理、心理的主要特点和体育及女子运动卫生简述如下。

一、女大学生生理、心理的主要特点和体育

(一) 女大学生的主要生理特点和体育

我国女大学生的年龄阶段已进入青年期。其身体形态、机能、代谢功能等发展已日趋完善和成熟，整个机体具有旺盛的机能，蓬勃的朝气，能承受较大的运动负荷，能较好地适应外部环境的变化。在身体形态方面，女子机体进入青春期后 2～3 年内，身高以较快的速度增长，到 17 岁时，增长的速度才日趋缓慢，直至完成骨化而终止。女子体重一般至 18 岁才趋于稳定。我国女大学生身高均值为 159 厘米，体重为 51.5 公斤。其他有关指标如胸围、肩宽、骨盆等生长指标均日趋缓慢。其体形特征为四肢较短，躯干较长，肩窄，骨盆低而宽，皮下脂肪层较厚，并主要沉积在胸、臀、腿部等处。此阶段身体形态发展虽已不断完善，但仍保留青春期的一些特点，即发展的不平衡性和不稳定性，因此仍应重视全面锻炼身体。

身体功能方面：大学生年龄阶段心脏发育日趋完善，心缩力量增强，收缩压增高，使血液供应适应机体负荷增大的需要。我国 19～22 岁女大学生脉搏均值为 77.3 次/分，血压均值为 14.107/7.706kPa（105.8/57.8mmHg）。这个时期可以承受一定的运动负荷，但强度不宜过大，尤其对于持续时间长的速度耐力性的项目。随着年龄的增长，按照循序渐进的原则，可以逐渐增加运动强度。肺脏的横径和纵径都继续增加，肺泡体积也随之增加。由于呼吸肌增强，频率减慢，深度加大，肺活量增大，呼吸系统发育也日益完善。我国女大学生的肺活量一般为 2 700～3 100 毫升。在这个时期，可进行耐力性练习和适当进行承担氧债能力的锻炼，以增强肺功能。此阶段神经系统的分析与综合能力显著提高，由于神经传导过程的灵活性高，神经细胞物质代谢功能旺盛，易出现疲劳，但恢复较快。脑细胞内部的结构功能的复杂化过程

迅速发展，致使大脑皮层的发育状况，在一定程度上呈现出一种飞跃的状态，这为发展思维创造了良好的物质基础。因此在体育活动中，宜采用启发式、比较法等方法，充分利用她们已有的智能和经验，发扬主动学习的精神。但这个时期由于内分泌活动发生变化，性腺活动加强，使神经系统的稳定性受到影响，动作协调能力明显下降。

身体素质方面：根据我国 1985 年全国体质调查对测试结果中的快速增长期的分析，女子大部分身体素质高峰期都出现在 7～9 岁。各项身体素质到 19 岁以后，一般都进入了下降期。因此，在大学生年龄阶段，仍应加强身体素质的全面锻炼，以促进身体全面发展。

性成熟是青春期最重要的变化之一。女生的性成熟，主要表现在性器官——卵巢功能的发育和成熟。卵巢具有产生卵子和分泌雌性激素的作用。8～10 岁卵巢发育加快，10～18 岁期间，子宫等器官迅速发育。随着生殖器官的逐渐成熟，出现了月经。第二性征的发育，表现在随着乳腺的发育和脂肪的沉积，乳房逐渐隆起，乳头突出，声调变高，骨盆增宽，皮下脂肪增厚。女子进入青春期后，虽然有了生殖能力，但身体尚未完全发育成熟，骨骼及心、脑等重要器官一般要到 25 岁左右才能发育完善。所以根据以上特点，女子在青春期应积极参加各种体育活动，以促进身心健康发展。

（二）女大学生的主要心理特点和体育

大学生的年龄特征决定其心理以不成熟、不稳定和不平衡为主要特征，其中自我意识的骤然增强是核心问题。围绕这一核心问题，她们的认知、情感、意志、个性等主要心理过程和心理特征均处在一个动态的调节过程之中，并且由过去的被动调节转为主动调节。所以她们的心理变化是一生中最复杂、波动最大的时期。

　　进入大学之后，大学生离开和摆脱了家庭的束缚。由于环境的变化和达到近期目标引起心理感受的变化，她们发现原先所认识的自我是由家长、教师所塑造出来的，并非"真正的自我"，因而强烈地要求重新塑造并确立"真正的自我"。在自我评价能力和自我控制能力方面较中学时代有所提高，但发展的水平参差不齐，有的自尊自负，不懂得尊重别人；有的能够控制自己；有的却易受情绪波动左右。为了努力塑造一个真实的、理想的自我，她们开始认识到自我教育的重要性，并努力朝着既定的方向、目标不断进取。

　　大学生在情感方面是体验人生感情最激烈的年代。她们的情感不再像中、小学生那样天真、纯朴、直露，而是比较内向、曲隐、含蓄。表现出心理上的"闭锁性"和"高饰性"。另外，敏感、自尊、好表现自己也是突出的情感特征。高级的社会情感如社会责任感、友谊感、道德感等均有了较高的发展，情感丰富但不稳定。随着年级的增高，其情绪波动性逐渐减弱，情感也日臻丰富、复杂。

　　从中学升入大学，标志着一个青年已踏上独立生活与成人社会的桥梁，为祖国和人民作贡献的时刻就要到来，全社会也盼望大学生早日成才。在各方面的影响下，女大学生的独立倾向明显，自觉性明显增强，并能在行动中清晰地意识到自己行动的目的性和社会意义。但果断性和自制力发展较为缓慢，不少学生常表现出优柔寡断，动摇不定。由于她们涉世未深，缺乏生活经验和承受挫折及克服困难的心理准备，所以在坚毅性方面，也有很大的个体差异性，有的常表现出怕困难，经受不起心理挫折。所以，她们的意志品质的发展仍具有不平衡性和不稳定性。

　　由于大学时期个性倾向日趋形成，自我意识不断发展，大学生的性格基本形成并比较稳定。对待现实所持的一贯态度和较稳定的行为方式，是大学生性格的主导方面。它突出体现大学生个性的本质。但她们的性格发展尚不成熟，在性格的意志、理智、情绪等特征方面发展也不协调。心理状态一般表现为温柔、含蓄、好静、爱美。对体育的需要和自身锻炼有着不同的要求。往往不喜欢参加剧烈的和负重较大的运动，参加锻炼时易害羞，缩手缩脚，犹豫不决，对自己的力量估计不足，缺乏信心，甚至怕脏怕累怕晒。在运动项目的选择上，喜欢有兴趣表现女性美、韵律感强的项目，对全面发展身体素质的意义往往认识不足，缺乏积极主动性，表现出冷漠、被动。在体育锻炼中易产生过强的自卑感或自尊心，从而影响体育兴趣的培养和体育锻炼的效果。因此，渴望成才的女大学生，应自觉地进行良好性格的自我教育和自我锻炼，为成才创造良好的主观条件。

体育不仅是发展女大学生体力的需要，而且也是发展心理、实现自我完善的需要。根据大学生年龄阶段生理发育趋于成熟，心理发育尚未成熟的主要特点，应组织女大学生积极参与或观赏各种形式的体育活动，通过体育活动的人际交往、体育课教学、体育训练和比赛中的自我效果评价，体育锻炼实践中的磨炼，以及通过各种体育传播媒介，不仅可以促进女大学生身体的正常发育，使身体各部肌肉丰满、对称、比例适当，使身体线条匀称协调，体态优美，而且还能促进人体机能的发展，增进健康，增强体质，利于智力的发展。同时还可以通过锻炼意志，陶冶情操，发展情感，完善自我，并在体育活动中拓宽视野，增长才智，正确处理个人与集体的关系，正确区分真伪美丑，提高思想境界。

二、女子运动卫生

(一) 女子运动卫生的一般要求

女子在青少年时，骨盆尚未发育完成，不要过多地进行局部负荷量过大的练习或做过量的负重练习，最好避免采用剧烈震动和引起腹内压升高的身体练习，如从高处向下跳、举重和憋气的练习。青春后期可多从事一些增强腰背肌、腹肌、盆底肌肉的练习和增强上肢力量的练习。由于女子循环系统和呼吸系统机能较差，在体育锻炼中，要掌握适宜的运动量。若运动量过大，不利于女子的健康和身心发展，而运动量过小则达不到锻炼效果。因此应因人制宜，从个人的身体实际情况出发，制定适合自己的锻炼计划和选择科学的锻炼方法。

(二) 女子月经期的运动卫生

月经是女子正常的生理现象，在月经期间，人体一般不会有明显的生理机能变化。因此，身体健康的女子在月经期间不必完全停止体育锻炼。进行适度的体育锻炼不仅可以改善盆腔的血液循环，减轻盆腔充血现象，而且由于腹肌和盆底肌的收缩与放松活动，能对子宫起到柔和的按摩作用，有助于经血的排出。但女子在月经期间参加体育锻炼应注意以下几点：

1. 运动量要适宜。没有训练基础的女学生，在月经期间参加体育锻炼，运动量应小些，锻炼时间也不宜太长，可在早晨或课外活动时间，进行做体操、散步、慢跑等运动量较小的活动。应避免从事强度大或震动大的跑跳动作，如速度跑、跨跳等，也不要做使腹内明显增压的憋气和静力性动作，如推铅球、俯卧撑、倒立、收腹等，以免子宫受压、受推而引起经血过多或子宫位置改变。有训练基础的人，可参加适当的锻炼或比赛。

2. 月经期间不宜游泳，因为经期子宫口开放，子宫内膜破裂出血，如果这时参加游泳活动，病菌容易侵入内生殖器官，引起炎症性病变。

3. 月经期间要避免寒冷刺激，如冷水浴锻炼，以免发生痛经、闭经或月经淋漓不净等。月经期间也不宜进行日光浴锻炼。

4. 如遇有月经紊乱、痛经等现象发生时，则应暂时停止体育锻炼。

第三节　医务监督

一、自我医务监督的意义、内容和方法

自我医务监督是指体育锻炼者在锻炼过程中，从主客观两方面对自身生理机能和健康状况进行观察和评定的一种方法，也是全面体格检查的一种补充。

自我医务监督，有助于及时了解自己在体育锻炼中的生理机能变化，有助于预防过度疲劳，有助于调整锻炼计划和运动量，并为合理地安排教学、训练内容和方法提供依据，也为医生体格检查提供参考。为此，体育锻炼者都应学习并掌握自我医务监督的知识和方法。

自我医务监督的内容主要包括四个方面：一是主观感觉；二是客观生理指标；三是运动成绩（锻炼效果）；四是其他（包括伤病情况等，女子还应增加"月经状况"）。

（一）主观感觉

1. 身体感觉：身体感觉的正常状态应是精神饱满、体力充沛、富有积极性和自信心；若处于较差状态，则出现精神萎靡不振，身体软弱无力，倦怠、头晕、头痛等；若感觉不明显，即为一般。判断身体感觉的时间应在锻炼休息后。

2. 运动情绪：运动情绪的正常状态应表现为积极好动、激昂；较差状态则表现为冷淡，不想运动，没兴趣等；若感觉不明显，则为一般状态。

3. 睡眠：睡眠的正常状态应为入睡快，睡得深而熟；较差状态为入睡慢且时睡时醒或失眠；若感觉不明显则为一般状态。

4. 食欲：其正常状态应为饭量增减不大；较差状态为不想吃或增加过大；若感觉不明显则为一般状态。

5. 排汗：同往常一样为正常状态；若排汗量较往常多或盗汗则为不正常状态。当然必须说明一点，排汗量因人而异,有的人易出汗，有的人却出汗较少，判断排汗量的多少应与本人平常情况对照，不应与他人相比较。

(二) 客观生理指标

1. 体重：体重是自我医务监督中的一个重要生理指标。其测试要求为在每周同一天、同一时间内和同一情况下进行测量。

体重值是一个相对稳定值，对体育锻炼者而言，增减幅度一般在 1～3 公斤之间。若为初始体育锻炼者，则开始可能会下降，因体内新陈代谢的增强，多余水分和脂肪消耗所致。若继续锻炼，肌肉组织发达，体重会增加，然后便保持在一定的水平上。通常体育锻炼者的体重变化与运动量和季节气候有关，当运动量增大或处于夏季时其体重容易出现下降，但变化值不大，且只要生活规律正常，一般 1～2 天内就可以恢复。在判断体重是否正常时应与生活规律紊乱、过度训练或患某种消耗性疾病（结核病）所致的持续性体重下降相区别。

2. 肺活量：肺活量能够较好地反映机体心肺功能状况。经常参加体育锻炼的人，由于心肺功能的加强，其呼吸器官功能也得到增强，肺活量相应增加或保持。如果肺活量处于持续下降，可能说明锻炼者处于过度运动状态或其他原因所致，需作进一步分析检查。

3. 脉搏：一般指安静时的脉搏。应在早上起床时测定，方法是计数 10 秒钟的脉搏次数乘 6，按每分钟为单位计算。脉搏是心脏血管活动的客观标志之一。对体育锻炼者而言，它能反映出运动量是否适宜，身体状况怎样。如果安静时的脉搏增加或出现心律不齐，则可能是运动过度所致，或身体出现了疾病，应进行调整运动或治疗疾病。

（三）运动成绩（锻炼效果）

经过一定时期的体育锻炼，如果某特长项目运动成绩或身体素质无增加而减少，则应考虑运动量过大或过小，但应与其他原因所致区别开。通常情况应该保持在一定水平上，或者处于增加趋势。

（四）其他

此方面主要是伤病情况等，即排除体育锻炼中的因素，观察监督其他客观上存在的问题，以便与运动中所致的原因区分开。

另外，女子体育锻炼还应把"月经状况"列入自我医务监督中，如果运动量掌握不当（运动过度），可出现月经量多或少，或者经期提前或延后，这些情况都应引起注意，及时调整锻炼计划，安排恰当的运动量，从而获得更好的锻炼效果。

以上四个方面的自我医务监督内容，应在实践中配合体育锻炼进行，通过信息的反馈，及时进行综合分析，出现问题，立即解决，以便使体育锻炼科学化、合理化，从而达到健身、健美、健心的效果。

二、运动性伤病的预防及处理

（一）常见运动性疾病的预防及处理

1. 运动性晕厥是体育运动中由于脑部突然供血不足而引起的一时性知觉丧失现象。

（1）原因：长时间站立或下蹲过久突然起立，引起直立位低血压；精神过分紧张，或带病参加训练、比赛，血管紧张性下降而致血压降低；疾跑后立即站立不动，下肢血回心困难，心输出量减少，使头部缺血引起晕厥，也叫"重力性休克"。

（2）症象：昏倒前全身软弱，头昏耳鸣，眼前发黑，随即失去知觉而昏倒。昏倒后面色苍白，手足发凉，脉搏慢而弱，血压下降，呼吸缓慢等。

(3) 处理：平卧（取头低脚高位），保暖，松解衣领，热毛巾擦脸，向心方向重推摩和揉捏下肢。针刺或手指点压人中、合谷、百会、涌泉等急救穴位，或闻氨水，促其苏醒。如呼吸停止，应立即进行人工呼吸。

昏倒前应俯身低头，或平卧、蹲下。重力休克前，应搀扶着走一会儿，症状即可消失。

(4) 预防：坚持体育锻炼，提高健康水平。久蹲后要慢慢站起来；有病时不要参加剧烈运动和比赛；疾跑后不要立即停下来，不要在饥饿的情况下参加剧烈运动。

2. 运动中腹痛是在中长跑过程中容易产生的一种现象。

(1) 原因及症象：准备活动不充分，开始时运动过于剧烈，或者跑得过快，内脏器官功能未达到运动状态，致使脏腑功能失调，引起腹痛；运动前吃得过饱、饮水过多及腹部受凉，引起胃肠痉挛；或因运动时间过长或过于剧烈，使下腔静脉压力上升，引起血液回流受阻；或因肝脾瘀血，膈肌运动异常，致使两肋部胀痛。

(2) 处理：如无器质性病变迹象，一般可采用减慢跑速，加深呼吸，按摩疼痛部位或弯腰跑一段，疼痛常可减轻或消失。如疼痛仍不减轻，甚至加重，应停止运动，并口服十滴水或普鲁苯辛,或掐点内关、足三里、大肠俞等穴位。如仍无效，应送医院作进一步检查。

(3) 预防：加强身体全面锻炼，提高生理机能；合理安排膳食，饭后至少 1 小时方可进行剧烈运动；充分做好准备活动；增加运动量要循序渐进，并注意呼吸节奏；运动前不要大量饮水；对于各种慢性疾病引起的腹痛应就医检查，病愈之前应在医生指导下进行锻炼。

3. 肌肉痉挛俗称抽筋，是肌肉不自主的强直收缩，变得坚硬。运动中最易发生痉挛的肌肉是小腿腓肠肌，其次是足屈拇肌和屈趾肌等。

(1) 原因：准备活动不够；肌肉收缩过猛或收缩与放松不协调；情绪过分紧张，肌肉受到寒冷的强烈刺激等。

(2) 症象：肌肉痉挛时，肌肉突然变得坚硬、疼痛难忍，而且一时不易缓解。

(3) 处理：对痉挛部位的肌肉做牵引。如腓肠肌痉挛时，伸直膝关节，并配合按摩、揉捏、叩击以及点压委中、承山、涌泉等穴位，以促使痉挛缓解和消失。

(4) 预防：运动前做准备活动，对容易发生痉挛的部位，事先应做适当按摩；夏季进行长时间运动时，要注意补充盐分；冬季锻炼时，要注意保暖；游泳下水前，应先用冷水淋浴；游泳时，不要在水中停留时间过长；疲劳饥饿时，不要进行剧烈运动。

4. 中暑是由于人体长时间处在高温环境或在日光暴晒下所引起的一种急性疾病。

(1) 原因：在高温环境中，长时间体育锻炼易发生中暑。尤其在高温、通风不良、头部缺乏保护被烈日直接照射的情况下最易发病。

(2) 症象：中暑早期常出现头晕、头痛、全身无力、恶心等，逐渐发展为体温升高、面部潮红、皮肤灼热、呕吐等，严重者可出现虚脱、抽搐、心率失常、血压下降，甚至昏迷等。

(3) 处理：首先将患者移到荫凉通风处休息，同时采取降温消暑手段，如解开衣领、额部冷敷，喝些清凉饮料、十滴水，并补充生理盐水或葡萄糖生理盐水等。还可掐点百会、太阳、人中、合谷等急救穴位。

严重患者，经临时处理后，应迅速送医院进一步治疗。

(4) 预防：在高温炎热季节锻炼时，应当减少运动量和锻炼时间；避免在烈日下长时间锻炼；夏天在室外锻炼时，应戴白色凉帽，穿宽敞薄衣；在室内锻炼时，应保持良好通风，并备有低糖含盐的饮料。

(二) 运动损伤的预防及处理

1. 运动损伤的原因

造成运动损伤的原因是多方面的，既与锻炼者的运动基础、体质水平有关，也与运动项目的特点、技术难度及运动环境等因素有关。其主要原因如下：

(1) 思想麻痹大意是所有运动损伤因素中最主要的因素。其中包括运动前不检查器械、预防措施不得力、好胜好奇，常在盲目和冒失行动中受伤。

(2) 运动前准备活动不充分，特别是缺乏针对性准备活动，致使运动器官、内脏器官功能未达到运动状态，易造成损伤。

(3) 运动情绪低下，或在畏难、恐惧、害羞、犹豫以及过分紧张时，发生伤害事故，或因缺乏运动经验及自我保护能力致伤。

(4) 锻炼内容组合不科学、方法不合理、纪律松散及技术上的错误等，均可造成运动损伤。

(5) 运动场地狭窄，地面不平坦，器械安置不当或不坚固，锻炼者拥挤或多种项目在一起活动，容易相互冲撞致伤。

(6) 空气污浊、噪声、光线暗淡、气温过高或过低、运动服装不符合运动卫生要求等，均可直接或间接造成伤害事故。

2. 运动损伤的预防

(1) 加强运动安全教育，克服麻痹思想，提高预防损伤意识。

(2) 认真做好准备活动，对可能发生运动损伤的环节和易伤部位，要及时做好预防措施。

(3) 合理组织安排锻炼，运动量要适宜，防止局部运动器官负担过重。

(4) 加强保护与帮助，特别要提高自我保护能力和意识，提高自我控制能力，加强自我医务监督，并注意运动场地、器材设备的安全卫生等。

3. 常见运动损伤的处理

(1) 软组织损伤

人体除骨、内脏和感觉器官以外的其他组织，在外力作用下，其结构遭到破坏或功能发生障碍，称为软组织损伤。它包括肌肉、筋膜、腱、腱鞘、滑囊、韧带、关节囊、椎间盘、关节软骨、神经、血管及皮肤的损伤。这些组织受伤时，若无伤口与外界相通，则称为闭合性软组织损伤。若伤后皮肤或粘膜的完整性遭到破坏、伤口与外界相通，则称为开放性损伤。闭合性损伤有挫伤、肌肉拉伤、关节扭伤等；开放性损伤有擦伤、撕裂伤、刺伤等。

①挫伤：因撞击器械或练习者之间互相碰撞易造成挫伤。单纯挫伤损伤处出现红、皮下出血、压痛明显。内脏器官损伤时，则出现头晕、脸色苍白、心慌气短、出虚汗、四肢发凉、烦躁不安，甚至休克。

处理：在 24 小时内应止血、止痛、防肿、控制活动，进行冷敷或加压包扎，抬高伤肢或敷中药。24 小时后，可进行按摩或理疗。进入恢复期可进行一些功能性锻炼。如怀疑内脏损伤，则作临时性处理后，送医院检查和治疗。

②肌肉拉伤：通常在外力直接或间接作用下，使肌肉过度主动收缩或被动拉长时引起肌肉拉伤。特别是由于准备活动不充分，动作不协调以及肌肉弹性、伸展性、肌力差者更易拉伤。损伤后伤处肿胀、压痛、肌肉痉挛，触诊时可摸到硬块。严重的肌肉拉伤是肌肉撕裂。

处理：轻者应立即冷敷，局部加压包扎，抬高伤肢。24 小时后可进行按摩或理疗。如果肌肉大部分或完全断裂者，在加压包扎急救后，立即送医院手术治疗。

③关节、韧带扭伤：体育活动中最常见的是踝关节扭伤，

一般因跳起落地时失去平衡，使踝关节过度内翻或外翻致伤。在准备活动不充分、场地不平坦的情况下，更易发生。伤后受伤部位疼痛、肿胀、韧带损伤处有明显压痛、皮下瘀血。严重者关节功能障碍，或出现关节松动、超常范围活动感。

处理：受伤后应立即冷敷，用绷带固定包扎，并抬高伤肢。24 小时后，根据伤情采取综合治疗，如外敷伤药、理疗、按摩等，必要时作封闭疗法。待病情好转后，施行功能性练习。对严重患者，可用石膏固定。

④擦伤：运动时皮肤受搓致伤。如跑步时摔倒等，擦伤后皮肤出血或组织液渗出。

处理：小面积擦伤，可用红药水涂抹伤口以消毒。大面积擦伤，应先用生理盐水洗净，再涂抹红药水，然后用消毒纱布覆盖包扎。

⑤撕裂伤：在剧烈运动时，或受到突然强烈撞击，造成肌肉撕裂。其中包括开放性损伤和闭合性损伤两种。常见的有眉际撕裂、跟腱撕裂等。开放性损伤时，伤口立即出血，伤口周围肿胀。闭合性损伤触及时有凹陷感和剧烈疼痛。

处理：轻度开放性损伤，用红药水涂抹伤口即可；裂口大时，则需止血和缝合伤口，必要时注射破伤风抗毒血清，以防破伤风症。如肌腱断裂，则需手术缝合。

(2) 骨折、关节脱位

①关节脱位：因受外力作用，使关节面失去正常的连接关系，称关节脱位，又称脱臼。可分为完全脱位（即关节面完全脱离正常位置）和不完全脱位（即半脱位，关节面部分错位）两种。严重的关节脱位，伴有关节囊撕裂，甚至损伤神经。运动中常易脱位的有：肘关节、指关节，其次是肩关节。如摔倒时，用手撑地，易引起肘关节或肩关节脱位。

关节脱位后，常出现畸形，与健肢对比不对称，因软组织损伤而出现炎症反应，局部疼痛、压痛和关节肿胀，并失去正常活动功能，甚至发生肌肉痉挛等现象。

处理：首先冷敷或喷氯乙烷。用长度和宽度相称的夹板固定伤肢。如果没有夹板，可将伤肢固定在患者的躯干或健肢上，防止震动，随后及时送医院治疗。必须指出，如果没有把握做整复处理时，切不可随意做整复手术，以免再度增加伤害。

②骨折：骨的完整性遭到破坏的损伤称为骨折。运动中身体某部分受到直接或间接的暴力撞击时，或肌肉强力收缩时，易造成骨折。依皮肤有无伤口分为开放性骨折和闭合性骨折；依骨折是否完全断裂分为完全骨折和不完全骨折。骨折是比较严重的损伤。常见的骨折有肱骨骨折、尺骨骨折、桡骨骨折、手骨骨折、股骨骨折、胫骨骨折、腓骨骨折、肋骨骨折等。

骨折发生后，受伤部位立即出现疼痛、肿胀、皮下瘀血，有剧烈疼痛（活动时加剧），功能丧失（完全骨折），或功能障碍（不完全骨折），肌肉痉挛，骨折部位发生变形，如伤肢变短等，移动时可听到骨摩擦音或有假关节活动。严重骨折常伴有血管、神经损伤，可出现休克。

处理：如有休克应先抗休克（安静、平卧、保暖、掐点或针刺人中等急救穴位，应用止痛剂），如伴有伤口出血，应同时进行止血包扎伤口。禁止试图整复。如大、小腿或脊柱骨折，应就地固定。夹板的长宽要合适，没有时可用代替物或固定于躯干、健肢，夹板与皮肤间应垫软物，固定的松紧要合适、牢靠。及时将伤者送往医院检查和治疗。

(3) 脑震荡：大脑组织因受震荡而发生一时性意识和功能障碍，称为脑震荡。运动中头部受到硬物的打击或与硬物相碰撞都可引起脑震荡。

受伤后立即神志昏迷（几秒钟到几分钟），昏迷时神经反射减弱或消失，瞳孔稍扩大，肌肉松弛，脉搏徐缓，呼吸慢而表浅，醒后常有头昏、头痛、恶心、呕吐，并忘记受伤时的情况。

处理：安静平卧，头部冷敷，身体保暖；掐点或针刺人中、涌泉、合谷等急救穴位，促其苏醒，醒后卧床休息，密切观察。严重者要立即送医院。如昏迷时间过长，超过 5 分钟，两侧瞳孔不等大，眼、耳、口、鼻有出血，醒后头痛，呕吐强烈或再度昏迷者，表明病情严重，应立即送往医院。运送时头部要固定，避免颠簸。

(三) 溺水及急救

溺水是指游泳时，因水阻塞呼吸道或反射性喉痉挛，引起窒息而致严重缺氧，时间稍长则危及生命。

窒息后，脸色苍白而肿胀，眼睛充血，口鼻充满泡沫，四肢冰冷，神志昏迷。胃部吸满水而鼓起，甚至呼吸、心跳停止。

急救步骤：立即将溺水者救上岸，将口打开，迅速清除异物，并迅速倒水。立即进行人工呼吸，每分钟 16～18 次，不要间断，直至呼吸恢复或真死。如心跳刚停止者，应进行人工呼吸和胸外心脏挤压（每分钟 70 次左右），同时迅速请医生处理。

判断真死与假死：真死一般具有 4 个特征：呼吸停止；心跳停止；瞳孔对光反射消失；角膜反射消失。如只出现其中 1～2 个特征，即为假死。如 4 个特征都有，并且用手指从两侧挤压眼球时，瞳孔变成椭圆形，方可判为真死。切记，急救时切不可轻易判断为真死，在尚未完全出现真死症象之前，要刻不容缓地坚持抢救。

第五章　田径运动

第一节　田径运动概述

一、田径运动的定义、分类、特征、意义

田径运动是由田赛、径赛、公路赛、竞走和越野赛组成的运动项目。根据定义田径运动分五类：田赛、径赛、公路赛、竞走和越野赛。国际田联承认世界纪录的比赛项目分类见表5-1。

表5-1　国际田联承认世界纪录的比赛项目分类

项　　目	男	女	青年男子	青年女子	备　注
100 米	+	+	+	+	400 米以下距离只准用全自动电子计时。
200 米	+	+	+	+	
400 米	+	+	+	+	
100 米栏		+		+	800 米及其以上距离项目，使用全自动电子计时或手计时均可。
110 米栏	+		+		
400 米栏	+	+			
800 米	+	+	+	+	青年男子和女子组：凡比赛当年 12 月 31 日未满 20 周岁者均可参加比赛。
1 000 米	+	+			
1 500 米	+	+	+	+	
1 英里跑	+	+			
2 000 米	+	+			
3 000 米	+	+		+	
5 000 米	+	+	+		
10 000 米	+	+	+	+	
20 000 米	+	+			
1 小时跑	+	+			

项　　　　目	男	女	青年男子	青年女子	备　　　注
25 000 米	+	+			
30 000 米	+	+			
2 000 米障碍			+		
3 000 米障碍	+		+		
4×100 米接力	+	+	+	+	
4×200 米接力	+	+			
4×800 米接力	+	+			
4×1 500 米接力	+		·		
5 000 米竞走		+		+	
10 000 米竞走		+	+		
20 000 米竞走	+		+		
2 小时竞走	+				
30 000 米竞走	+				
50 000 米竞走	+				
跳高	+	+	+	+	
撑竿跳高	+		+		
跳远	+	+	+	+	
三级跳远	+	+	+	+	
铅球	+	+	+	+	
铁饼	+	+	+	+	
标枪	+	+	+	+	
链球	+		+		
七项全能		+		+	
十项全能	+		+		

　　田径运动中走、跑、跳、投是人类生活的重要技能，是田径项目中最基本的形体活动。田径运动具有个体性，又具有广泛的群众性。参加田径运动很少受条件限制，基层比赛可因地制宜举行。田径运动能有效地发展速度、力量、耐力以及灵敏协调性等身体素质，长时间的竞走和慢跑，可加速物质代谢，增强心血管、呼吸和其他系统的活动能力，能有效地发展耐久力和培养坚

持不懈的意志。跳跃练习能提高控制身体和集中用力的能力，能有效地发展弹跳力、力量、速度、灵敏协调性。投掷项目能有效地发展臂部、肩带、躯干和腿部等肌肉力量，提高人体协调用力的能力。

二、中国田径运动及世界田径运动

中国田径运动大概分为四个阶段：第一阶段为 20 世纪初期至 40 年代末期，是中国田径运动的引进、初步开展和停滞不前的阶段。第二阶段为 1949~1965 年，是中国田径运动迅速普及和提高阶段。在该阶段举行了第 1 届全运会和第 2 届全运会，成绩大幅度提高。第三阶段为 1966~1976 年，是中国田径运动遭受"文化大革命"浩劫，运动水平显著下降阶段。第四阶段为 1976年至今，是中国田径运动迅速恢复发展，冲出亚洲，走向世界，向世界水平进军的阶段。该阶段举行了第 6 届、第 7 届、第 8 届全运会，成绩逐年提高。80 年代起我国出现了一批具有世界先进水平的运动员，朱建华跳高 2.39 米，邹振先三级跳远 17.34米，黄志红、隋新梅铅球成绩先后突破 21 米，陈跃玲在 25 届奥运会取得 10 公里竞走金牌，王军霞获 26 届奥运会 5 000 米金牌，马俊仁教练在中长跑训练方面取得了辉煌成就，马家军威震斯图加特田径锦标赛赛场，取得骄人的成绩。

世界田径运动的发展可分为五个阶段：第一阶段为 19 世纪末到 20 世纪初，是现代田径运动开始形成和发展、在较低水平上逐步提高的阶段。第二阶段为 1913~1920 年，受第一次世界大战的影响，是田径运动成绩下降的阶段。第三阶段为 20 年代至 30 年代中期，是世界田径运动恢复、发展与提高阶段。第四阶段为 30 年代后期至 40 年代后期，受第二次世界大战影响，是世界田径运动水平第二次下降阶段。第 12、13 届奥运会未举行。第 14 届奥运会水平比第 11 届水平低。第五阶段为 50 年代至今，是世界田径运动成绩持续不断提高并达到很高水平的阶段。该阶段共举行了 12 届奥运会。1968 年第 19 届奥运会，美国运动员福斯贝里采用背越式跳高技术获得冠军；该技术随后迅速普及。田径运动各项成绩持续提高，并达到很高水平。

三、田径运动在现代社会中的作用和影响

田径运动成为现代人普遍需求和参与的运动。随着社会经济的发展，人类健身需求日益迫切，与人们生活密切相关的田径项目成为受欢迎的项目之一，被广泛采用，特别是健身跑、健身走等项目已成为健身处方的主要内容。田径运动对奥林匹克"参与"和"更快、更高、更强"的精神有重大的作用和影响。田径项目是奥运会金牌数较多的项目之一，倍受各国的关注，因而参加的人数较多。田径运动受一定经济力量的影响，也促进经济建设的发展。田径运动水平依靠科技文化进步来提高，科技文化也可在田径运动水平提高中获得新成果。卡尔·刘易斯在东京创 9.86 秒百米世界纪录时，穿的是日本美津浓公司特制的跑鞋，重量 115 克，其脚弓部位由航天飞机降落伞材料制成（价值 1.5 万美元），伯勒尔参加巴塞罗那奥运会 100 米比赛时，特制跑鞋重量 95 克。可见，多学科更加深入地帮助提高田径运动的成绩。

田径运动的发展方向：苏联解体、东欧巨变后，田径格局变化较大；很多国家为田径运动员的训练和竞赛的投入越来越多；大运动量训练、高效营养、恢复、严格管理等在竞走、中长跑训练中取得显著成就；在世界短跑大赛中采取了一些与固有田径技术理论、教材不同的新的技术动作，引起新的争议；在投掷和跳跃大赛中，最后几步助跑是继续加快跑速和力量，使起跳和"最后用力"更加快而有力，从而提高成绩，不再是可控速度或保持已获速度的起跳或投掷；兴奋剂在严重损害田径运动；田

径运动员比赛鞋和服装按不同项目和个人特点精心研制。当今各国为不断提高田径运动水平从多方面对田径技术、训练方法和相关因素进行深入、精细的研究改善。

第二节　径赛

径赛是以时间计算成绩的运动项目。包括短跑、跨栏跑、中长跑、长跑、马拉松、障碍跑、接力跑、竞走等项目。限于篇幅，只介绍短跑、接力跑、中长跑。

一、短跑与接力跑

(一)短跑

短跑全程技术可分为起跑、起跑后加速跑、途中跑和终点跑四个部分。短跑成绩是由起跑的反应速度、起跑后的加速跑能力、保持最高跑速的时间和距离，以及各部分的技术完成质量决定的。

1. 100 米跑的技术

(1)起跑：

起跑的主要任务是获得向前的冲力，使身体摆脱静止状态，为起跑后加速跑创造有利条件。起跑主要采用普通式和拉长式的方法。

短跑的起跑过程包括：各就位，预备，鸣枪三阶段。

"各就位"时，运动员轻快地走到起跑器（线）前，两手撑地，两脚依次踏在前、后起跑器的抵足板上，后膝跪地，两臂伸直撑地，两手间距离比肩稍宽，手指成拱形地做弹性支撑。头与躯干保持在一直线上。重心在两手、前脚和后膝关节之间。

"预备"时，逐渐抬起臀部，使身体重心向前上方移动，此时身体重心落在两臂和前腿之间，臀部抬起稍高于肩，使两小腿趋于平行。前腿膝角约为 90°～100°，后腿膝角约为 110°～130°。

鸣枪时，运动员应立即全速向前。两手迅速推地，两腿用力蹬伸而且几乎同时进行，随即转为非同步的动作，两臂屈肘有力地前后摆动，两腿迅速蹬离起跑器，使身体向前上方运动，后腿蹬离起跑器后，迅速屈膝向前上方摆出，腿前摆时脚掌不应离地过高，以利于迅速着地过渡到下一步。

(2)起跑后的加速跑：

起跑后的加速跑是从后腿蹬离起跑器结束前摆着地，到途中跑开始的一个跑段。其任务是充分利用向前的冲力，在起跑后的加速跑段距离内，尽快地接近或达到自己的最高速度。

起跑后的加速跑第一步，自前腿充分蹬伸到后腿蹬离起跑器前摆着地结束。第一步的摆动腿应积极下压，着地点在身体重心投影点的后方，以前脚掌着地并迅速过渡到有力的后蹬结束。

正确和积极地完成起跑后的最初几步动作，取决于躯干较小的前倾角度以及运动员的力量和加速状态。最初几步的支撑阶段，在大部分时间里，支撑点是处在身体总重心投影点的后面，因此是发展速度的最好条件，可以形成良好的后蹬角，并使后蹬的大部分力量用于提高水平速度。

起跑后的加速跑段身体前倾角度是随着速度的增大而减小，最后逐渐接近途中跑的姿势。加速跑段的距离一般是 30 米左右。

起跑后加速跑段的两臂有力的前后摆动具有很大的意义，在开始几步身体处于很大的前倾姿态时，重心移动的初速度很小，因此，加速跑段应更加有力地大幅度地摆臂。

(3)途中跑：

途中跑的任务是继续发展和保持较长距离的最高速度。途中跑的每一单步结构均由支撑期和腾空期组成。支撑期由着地、缓冲和后蹬组成。腾空期腿部动作分为随势动作、向前上摆动动作和下放摆动动作。

着地：摆动腿积极伸展下落，前脚掌富有弹性地着地，着地动作积极，有利于缩短前支撑时间和减少着地阻力。同时另一摆动腿迅速以大小腿折叠姿势向支撑腿靠拢，膝折叠角逐渐减小，到垂直部位时为最小。

垂直缓冲：在支撑腿着地后，由于髋关节积极前伸和身体自身前移的惯性，加速总重心的顺利前移通过支撑腿的上方。在身体重心和摆动腿的屈膝摆动的压力作用下，支撑腿迅速弯曲缓冲，身体总重心移至支点垂直面时，支撑腿的膝关节成 136°～142°角。在支撑腿缓冲过程中一侧摆动腿的大小腿折叠角处于最小状态，大小腿折叠得越好，能缩短摆动半径，减小摆动阻力，加快摆动速度，从而增大后蹬效果。

后蹬：身体总重心移过支点垂直面后，进入后蹬阶段，摆动腿屈膝迅速有力地向前上方摆出，并带动同侧骨盆前送。见图5-1，支撑腿在摆动腿的积极配合下，快速有力地伸展髋、膝、踝关节。完成后蹬，进入腾空期。

图 5-1

腾空后，支撑腿的大腿随着蹬地后的惯性使膝关节折叠屈曲，同时伴随抬大腿的屈髋动作，形成边折叠边前摆姿态。从髋关节屈曲到大腿向前上方的摆动，随着跑速的加大其摆动幅度加大，大腿上抬增高。摆动腿摆至最高点后，大腿积极下压，小腿随大腿快速摆落，积极鞭打式着地。

途中跑时，头部位置正直，上体稍有前倾，摆臂以肩关节为轴前后摆动。摆臂有两个作用：一是摆臂可以增加腿部的动作速度；二是可以维持身体在运动时的平衡。

(4)终点跑

终点跑的任务是尽力保持途中跑的高速度跑过终点，包括终点跑技术和撞线技术。终点跑时要求尽力保持上体前倾角度，加快两臂摆动速度和力量，保持途中跑的高速度。在运动员离终点前约一步距离时，上体急速前倾，以胸部或肩部撞终点线并跑过终点，然后逐渐减慢跑速。

2. 200 米和 400 米跑的技术

200 米跑和 400 米跑，有一半以上距离是在弯道上跑的。为了适应弯道跑，必须改变跑的姿势和后蹬与摆动的方向。

(1)弯道起跑和起跑后的加速跑：

为了便于在弯道起跑之后能有一段直线距离进行加速跑，应将起跑器安装在弯道跑道的右侧，并对着弯道的切点方向。如图 5-2，起跑时，运动员的左手撑在距起跑线后沿 5～10 厘米处，使身体正对弯道的切点。

弯道起跑后前几步应沿着内侧分道线的切点方向跑进，加速跑的距离比 100 米跑加速跑段的距离短，上体抬起较早，在进入弯道跑时，尽可能沿着跑道的内侧跑，身体应及时向内倾斜。

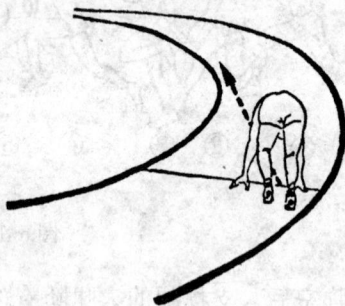

图 5-2

(2)弯道跑技术:

从直道进入弯道时,身体应有意识地向内倾斜,加大右腿的蹬地力量和摆动幅度,同时右臂亦相应地加大摆动的力量和幅度,以利于迅速地从直道跑进弯道。在弯道跑时,身体应向圆心方向倾斜,后蹬时,右腿前脚掌内侧用力,左腿前脚掌外侧用力。大腿前摆时,右腿膝关节稍向内,同时摆动幅度比左腿大,左腿前摆时应稍向外。右臂摆动的幅度大于左臂,前摆时稍向左前方,后摆时右肘关节偏外,左臂稍离躯干做前后摆动。弯道跑时的蹬地与摆动方向都应与身体向圆心方向倾斜趋于一致。

3. 短跑的战术

短跑比赛有力量分配问题,并且比赛特点是赛次多,因此合理的战术是十分重要的。

100 米比赛战术主要是力争在每赛次上取得好名次,一旦在小组赛中取得比赛的好名次就应养精蓄锐,为下一赛次做准备,到决赛时全力以赴,取得好成绩。

200 米的战术为在预、复赛中确保取得好名次,进入决赛后即全力跑出好成绩。在具体比赛中合理分配前、后 100 米的体力。前 100 米用接近本人最好成绩跑。在跑过弯道进直道时,要顺惯性"自然跑进"2~3 步,然后全力跑到终点。通常前后 100 米相差约 0.5~1.0 秒。

400 米跑的战术已充分显示出合理地分配体力和发挥己长、克敌之短的战术因素,根据自己的道次和实力来确定加速和跟随等战术。一般"速度型"运动员(200 米兼跑 400 米)即采用较大的速度储备方法跑 400 米前半程(低于本人 200 米最好成绩0.8~1 秒),而后半程与前半程的速度有很大的差异,约为 2.5~3 秒。"速度耐力型"运动员在开始跑段,一般以较快速度跑前半程,前半程比本人 200 米最好成绩低 0.5~0.8 秒,前后 200米成绩相差约 2.0~2.5 秒。400 米跑要注意放松,步幅开阔,有明显的节奏感。目前 400 米多采用"匀速跑"，可避免过早地出现疲劳。

　　总之，短跑战术一定要根据运动员本身训练水平、对手的实力、比赛的任务以及气候和赛场环境等因素，合理运用，以取得好成绩。

　　4. 短跑的专门性练习和练习方法

　　(1)短跑的专门性练习：

　　①小步跑：

　　上体稍前倾，大腿屈膝抬起，大腿下压时膝关节放松，小腿顺惯性前摆，前脚掌向后下方"扒地"，如图 5-3。

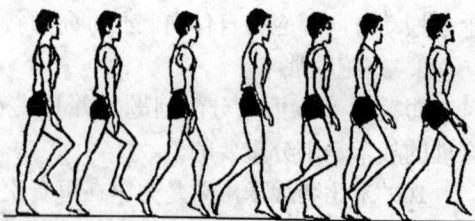

图 5-3

　　②高抬腿跑：

　　上体稍前倾，以髋关节带动大腿屈膝高抬与躯干成 90°角，然后大腿下压，用脚掌着地，支撑腿蹬地充分向前送髋，如图 5-4。

图 5-4

　　③后蹬跑：

　　上体正直，两臂自然摆动。摆动腿积极向前上方摆出，同侧髋充分前送。在摆动腿的同时，另一侧大腿积极用力向后下方蹬伸，髋关节、膝关节伸直，见图 5-5。

图 5-5

(2) 短跑常用的练习方法：

①摆臂练习：成弓步，以肩关节为轴前后自然摆动，臂前摆肘关节角逐渐减小，臂后摆肘关节角逐渐加大，两手成半握拳或伸直手掌姿势，摆动有力。

②弹性慢跑：前脚掌着地，脚跟离地较高，富有弹性地慢跑，以后逐渐加大大腿摆动幅度并要求大小腿折叠前摆。

③中速重复跑 60～100 米：动作放松、协调，步幅开阔，强调动作的大幅度和大小腿折叠技术，使足跟直接靠拢臀部。

④大步幅反复跑 60～100 米：体会摆动腿前摆充分带髋前送技术。

⑤沿半径为 15～20 米的圆圈跑。

⑥从直道进入弯道跑 60～80 米。

⑦从弯道进入直道跑 60～80 米。

⑧听信号做各种姿势的起跑练习。

⑨中速跑 20～30 米，至终点线前 1 米处，做撞线动作。

⑩蹲踞式起跑 40～60 米，做冲刺撞线练习。

(二)接力跑

接力跑是由跑和传接棒技术组成的集体项目。由于接力跑传、接棒时精湛的技艺和每个参赛队员为集体竭尽全力所表现的高度的默契以及比赛场面激烈的竞争性和比赛结果变化无常带来的戏剧性，使它成为田径运动中最令人兴奋的项目之一。

接力跑技术包括短跑技术和传、接棒技术两部分。接力跑的成绩决定于各棒次队员的速度和传、接棒技术，以及传、接棒队员传接、棒的时机。下面介绍 4×100 米和 4×400 米接力跑。

1. 4×100 米接力跑技术

(1)起跑：

①持棒起跑：

第一棒传棒队员以右手持棒，采用蹲踞式起跑，接力棒不得触及起跑线和起跑线前的地面。右手的食指、拇指分开撑地，中指、无名指和小指握住接力棒的后部。如图 5-6。

图 5-6

②接棒人起跑：

第二、第三、第四棒的起跑采用半蹲踞式。接棒人站在接力区的后端预跑区内，选定起跑位置。第二、第四棒接棒人应站在跑道外侧，右腿在前，右手撑地保持平衡，身体重心偏右边，头部左转，目视传棒人的跑进和自己的起动标志线，如图 5-7。第三棒接棒人站在跑道内侧，左腿在前，左手撑地身体重心偏左，头部右转，目视传棒人的跑进和自己的起动标志线。当传棒人跑到自己的起动标志线时，接棒人迅速起跑，如图 5-8。

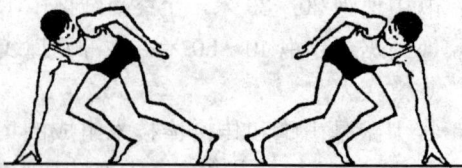

图 5-7　　　图 5-8

(2)传、接棒方法：

传、接棒的方法从传棒队员传棒路线和接棒队员接棒的方式的角度分为上挑式、下压式、混合式三种。

①上挑式：

接棒人的手臂自然向后伸出，手臂与躯干成 40°～45°角，掌心向后，拇指与其他四指自然张开，虎口向下，传棒人将棒由下向前上方送到接棒人手中。

上挑式传、接棒优点是接棒人向后伸手动作比较自然，容易掌握。缺点是接棒后，接棒人的手握接力棒的中部，为避免第三、四棒的传、接时接棒人抓的棒的前端部分越来越少，造成掉棒和影响持棒快跑，而必须在跑进中附加换手或调整手与棒的接触部位的动作（即倒棒）。

②下压式：

接棒人的手臂向后伸出，手臂与躯干约成 50°～60°角，手腕内旋掌心向上，拇指与其他四指自然张开，虎口向后，传棒人将棒的前端由上向下传到接棒人手中。

下压式的优点是接棒人握住棒的一端，在下一次传棒时便于把棒的另一端送到接棒人的手中。缺点是：接棒运动员手臂后伸，掌心向上，会引起身体前倾，影响加速跑；传棒运动员一旦手臂前伸，就会降低跑速。

③混合式：

$4×100$ 米接力跑多采用混合式传、接棒，它综合了上述两种方法的优点：第一棒传棒运动员以右手持棒起跑，沿弯道的内侧跑进，用上挑式将棒传给第二棒接棒队员；第二棒队员接棒后沿跑道外侧跑进，并以下压式将棒传给第三棒接棒人；第三棒队员接棒后沿弯道内侧跑进，用上挑式将棒传给第四接棒队员。

采用哪种传、接棒方式要因人而异，只要能使传、接棒技术达到默契、精确、保险、快速就可以。无论哪种方式都应是第一、三棒队员沿跑道内侧跑进，以右手将棒传给第二、四棒人员的左手，第二棒队员沿跑道外侧跑进，以左手将棒传给第三棒队员的右手。

（3）影响传、接棒技术的因素：

①传、接棒的时机：

在 4×100 米接力跑比赛中，要求传、接棒队员必须在接力区内以高速完成传、接动作，而在 20 米接力区内传、接棒队员双方都能达到稳定的高速时便称为传、接棒的最佳时机，一般约在离接力区前端 4.5 米处。

②接棒队员起动标志线的确定：

起动标志线是第二、三、四棒接棒队员起跑点的标志。它是根据传棒队员和接棒队员的跑速和传、接棒技术的熟练程度以及最佳的传、接棒时机确定的。

③传棒队员最后 25 米和接棒队员起动后 25 米的跑速。

④传、接棒队员在传棒和接棒瞬间的获益距离：

传、接棒队员在传、接棒瞬间的获益距离是指传、接棒队员都能保持高速的情况下，充分伸展手臂，顺畅地完成传、接棒动作瞬间身体重心相隔的最大水平距离。

2. 4×400 米接力跑技术

4×400 米接力跑的传接棒技术也不简单，虽然传、接棒是在速度相对较慢情况下进行的，相对容易，也不易犯规，但它有两个接力区不是在按道次划分的各自接力区传、接棒，而是几乎都在第一道一个接力区内传、接。在势均力敌的接力赛中，第二、第三、第四棒队员传、接棒时，运动员往往是齐头并进或紧紧跟随的复杂情况下传、接棒的，要做到既不多跑距离又不犯规，还能迅速地传、接是非常困难的。

4×400 米接力跑第一棒采用蹲踞式起跑，起跑技术同 4×100 米接力跑的起跑；第二棒以后队员采用站立式起跑，上体左转，目视传棒队员要估计好传棒队员最后一段跑的速度。如果传棒队员最后一段仍然保持较好的跑速，那么接棒队员较早地起跑，反之则较晚起跑。在跑道上没有明显的固定标志。接棒队员必须清醒地判断：第一，自己将在哪一条跑道上接棒；第二，必须判断传棒队员的速度，然后在不把同伴拉开距离的情况下尽可能冲出人群，占据有利位置。传、接棒动作一般在 20 米接力区前半段或中间区域内完成。传棒队员将棒传出后，应从侧面退出跑道，避免影响其他接力队员的跑进。4×400 米接力跑，多采用右手传递接力棒的方法，即第一棒队员以右手将棒传给第二棒队员的左手，第二棒队员跑出后将接力棒换到右手，以后各棒次接力均以此方法传、接。

3. 接力跑的战术

接力跑战术的目的是凭借某种比赛方法产生优势战胜对方。

(1)从跑的能力角度来使用运动员：第二、第三、第四棒运动员具有较长距离单跑成绩好的能力。

(2)从起跑质量角度来使用运动员，宜选择起跑快、速度好的队员担任第一棒队员。

(3)从对传、接棒技术掌握程度的角度使用运动员。

(4)从意志品质角度使用运动员。

(5)从身高角度使用运动员。

4. 接力跑的练习方法

(1)两人配合，集体口令做上挑式，下压式传、接棒练习。

(2)两人一组在接力区内完成传、接棒练习。

(3)4 人成队地连续进行 50～100 米的接力跑练习。

(4)4×50 米接力跑或教学比赛。

(5)4×100 米接力跑或教学比赛。

二、中、长跑

(一) 中跑

1. 中跑的特点

中跑是对速度、耐力要求较高的项目，运动员必须具备用高的速度跑完全程的能力，才能取得优异的运动成绩。中跑的有氧代谢和无氧代谢的比例，800 米各为 70％和 30％，1 500 米各为 50％；中跑无氧代谢的比重小于短跑，有氧代谢的比重小于长跑。中跑属于极限下强度的项目。比赛的后程，氧债可达 20～30 升，但血液中的血乳酸大量增加，可达 260～300 毫克，因此中跑运动员必须具备承受后半程高浓度血乳酸的能力，必须具有很强的心、肺功能。

2. 中跑的技术

中跑技术包括起跑、起跑后加速跑、途中跑、终点跑。

(1)起跑和起跑后的加速跑：

起跑和起跑后的加速跑是比赛开始时，使身体迅速摆脱静止状态，快速跑出，并尽快发挥正常的跑速和占有有利位置进行比赛的过程。

比赛时，运动员采用站立式起跑，如图 5-9。其动作顺序为："各就位"时，运动员先做 1～2 次深呼吸，然后放松慢跑或走到起跑线处，两脚前后分开站立，一般有力的脚在前，或根据个人习惯，前脚接近起跑线，两膝稍弯曲，后膝角为 130°，身体重心在前脚上支撑站立。上体前倾，其大小根据个人特点和战术需要确定，前脚异侧臂前伸，另一臂在体侧稍后。目视前方 3～5 米，

图 5-9

保持身体稳定，注意听枪声，听到信号后，两腿用力蹬地，前腿蹬地后，后腿积极前摆，然后过渡到前腿蹬直，两臂配合腿部动作快速摆动。

起跑后的加速跑是指起跑后第一步到发挥个人理想的速度和预计的战术位置这段距离。特点是：上体逐渐抬起，迅速有力摆臂。根据项目、个人特点、战术需要，确定跑的速度和距离。加速跑时，在不妨碍别人、不犯规的情况下跑向理想的位置进入途中跑。

(2)途中跑：

途中跑是起跑后加速跑结束到终点冲刺前的这段距离。主要技术特点如下：

①着地缓冲：

着地缓冲阶段的主要任务是减少水平速度的消耗。脚着地前，摆动腿大腿积极下压，小腿顺势前摆做"扒地"动作。着地腿膝关节是弯曲的，着地腿膝关节和足跟几乎在一条垂直线上，对完成缓冲动作有积极作用，脚着地时应用前脚掌外侧先着地，然后过渡到全脚掌着地。脚着地时，脚尖应正对跑进方向。脚着地后，小腿后侧肌群和大腿前侧肌群应积极而协调地退让，以减缓着地的制动力。这样就使伸肌得到预先拉长，为后蹬创造有利条件。

②后蹬与前摆：

跑进时，一腿后蹬，一腿前摆，蹬摆必须结合好。后蹬的开始也是积极前摆的开始，后蹬结束瞬间也是前摆达到最高之时。后蹬产生的支撑反作用力是向前上方的，前摆的惯性又加大了这个推动人体前进的力量。后蹬腿的三个关节要充分伸展，用力顺序是伸髋→伸膝→伸踝。摆动腿屈膝前摆，并带动髋部前送。见图 5-10：后蹬结束时，后蹬腿膝关节并不完全伸直，曲云霞后蹬时膝关节角度为 165°左右，曲云霞后蹬结束时，摆腿大腿前摆并不高，她的膝部主要是向前摆，带动身体迅速前移。后蹬方向必须与跑的方向保持一致。后蹬时产生的支撑反作用力的方向应该通过人体重心并与跑的方向吻合。要做到这一点，摆动腿摆的方向非常重要，前摆方向不正，必然影响后蹬的方向，因此必须保持两脚和两膝动作与跑的方向一致。

图 5-10

后蹬结束时，上体稍前倾，后腿充分伸展髋部前送，摆动腿小腿与支撑腿几乎平行。

③腾空：

后腿蹬离地面，人体进入腾空阶段。蹬地腿的小腿应迅速向大腿折叠，形成以大腿长度为半径的摆动过程。良好的大小腿折叠前摆，缩短了摆动半径，加快摆动的角速度。人体腾空后，是沿惯性向前运动，又获得一个短暂的休息。中跑运动员必须具有肌肉用力和放松交替的能力，这样才能节省能量。

④上体和两臂：

中跑途中跑时，上体应采取稍前倾姿势，有利于蹬摆力量的发挥，并能保持自然步长。前倾过大或后仰都会造成紧张。

摆臂的作用能保持身体平衡，更主要的作用是增强蹬摆效果。应当把臂部摆动产生的动量移到推动人体前进的合力中去。

(3) 终点跑：

终点跑是各项中跑全程结束前的最后一段距离的冲刺跑。终点冲刺的距离，要根据比赛项目、个人特点和战术需要来确定，一般情况下，800 米可在最后 200～250 米处开始冲刺，1 500 米可在最后 300～400 米进行冲刺跑。速度好的运动员，往往在跟随跑的前提下，在进入最后一个直道时，突然加速冲跑；耐力好的运动员，为了最后战胜对手，多采用更长段落的加速冲刺跑。冲刺时，运动员应加大摆臂，加快步频和增加躯干的前倾角度。

选择最后冲刺的时机很重要。在进入预定冲刺距离之前，必须抢占有利位置，并注意观察对手情况，确定开始冲刺的时机。开始冲刺一定要突然加速，拼全力一鼓作气冲到终点。

(4)步长和步频：

跑的速度是由步长和步频决定的，中跑运动员应保持适宜的步长和稳定的步频，增强跑的节奏性。有节奏的跑，能使肌肉和内脏活动处于有利状态，能推迟疲劳出现。步长的大小取决于运动员的腿长、蹬摆的力量和幅度、后蹬的角度、髋关节的灵活性和柔韧性等。中跑运动员的步长，男子一般为 2.00～2.20 米，女子为 1.60～1.80 米。加大步长的主要方法是加强摆蹬的力量和确定的适宜后蹬角。

步频的快慢取决于神经系统的灵活性、肌肉收缩的速度和掌握技术的程度。中跑运动员的步频一般为 3.5～4.5 步/秒；曲云霞为 3.77 步/秒，她是高频率跑法。步频的快慢和每一步用的时间有关，每一步用的时间包括支撑时间和腾空时间，两者之间应有适宜的比例。

(5)呼吸：

中跑时，人体能量消耗较大，有机体需要更多的氧来维持运动员需氧量和供氧量的平衡。当供氧量不足时，能量物质分解与合成过程进行得缓慢，使能量不能满足跑的需要，跑速下降。

为了保证有机体对氧的需要，每分钟要吸入 120～180 升空气，这样必须有一定的呼吸频率和呼吸深度。优秀运动员的呼吸频率为每分钟 70～700 个呼吸周期，呼吸深度为肺活量的 1/3。在保持适宜呼吸深度的基础上，主要靠呼吸频率来保持必要的通气量。要用鼻和半张开的嘴同时进行呼吸。

中跑呼吸节奏和步子相配合，可以两步一呼、两步一吸，一步一呼、一步一吸。应当保持跑的呼吸节奏，在起跑、途中跑和终点冲刺跑时，都不能有任何闭气。每个呼吸周期的第二个阶段，积极进行呼气很重要，因为充分的呼气能保证足够的吸气。

(6) 极点：

中跑是一项剧烈运动，由于内脏器官的惰性，一时难以满足肌肉和其他运动器官的需要时，身体会有不良反应，呼吸表浅，四肢无力，胸闷口干，协调性和跑速下降，有难以继续跑下去的感觉，这种生理现象称为"极点"现象。这时，只要以顽强的意志坚持跑进，注意加深呼吸，坚持跑一段距离，"极点"现象就会消失，呼吸均匀，身体机能明显好转，富有轻松感。在生理上称为"二次呼吸"。

"极点"现象的产生与训练水平、运动强度、准备活动质量充分相关。经常跑步者，"极点"出现得晚，反应轻，持续时间短；反之，"极点"出现早，反应大，持续时间长。所以克服"极点"现象，关键是经常参加中、长跑锻炼，以及认真做好准备活动。

(二) 长跑

1. 长跑

特点：长跑是以耐力为主的项目。但随着比赛竞争的激烈和运动水平的接近，对速度的要求越来越高；谁的平均速度快和冲刺能力强，谁才有可能在比赛中获得优胜。

长跑属于大强度运动项目。长跑有氧代谢占绝对优势，有氧代谢和无氧代谢的比例为：5 000 米时为 80％：20％，10 000米时为 90％：10％。长跑运动员应当具有很大的通气量和高水平的最大摄氧量。所以长跑运动员要有很强的心血管系统和呼吸系统的机能以及适时放松的本领。

2. 长跑技术

长跑技术要求基本上同中跑技术，但在用力程度、动作的速度和幅度等方面低于中跑，而在经济地使用能量和在跑的全程始终保持正确的技术等方面的要求又高于中跑。

长跑采用站立式起跑。3 000 米、5 000 米和 10 000 米都是在弯道处不分道起跑。为了抢占有利位置和避免运动员间互相挤撞，应当以较快速度跑出，然后转入正常的跑速。

途中跑时，脚着地前，大腿积极下压，膝关节是弯曲的，弯曲的程度比中跑稍大。以脚前掌和脚掌外侧有弹性地着地，着地点距身体重心投影线一般为 20～30 厘米。脚着地时，脚尖正对跑进方向，不应内偏或外偏。

有效的蹬摆技术特点是后蹬腿三个关节充分伸展，摆动腿向前摆出，并带动髋部前送，后蹬角 55° 左右，但蹬摆的速度和幅度都比中跑要小。后蹬结束后，腿部肌肉在腾空时放松，大小腿折叠，屈腿前摆。在支撑时期，当摆动腿大腿超过支撑点上方时，摆动腿弯曲程度最大，摆动腿是在对抗肌放松的情况下自然弯曲。

运动员的上体保持稍前倾或正直的姿势。这种姿势可以更好地发挥蹬摆效果，为肌肉和内脏器官的工作创造良好的条件。两臂做前后钟摆式摆动，手在前摆时不超过身体中线，后摆时摆到躯干的后缘线。

长跑运动员的步长为 1.6～2.0 米，步频为 3.5～4.3 步/秒。每个运动员都应有较稳定的步长和步频，形成适宜的跑的节奏。提高跑速以采用在保持步长前提下加快步频为宜。

长跑的跑法：一种是步幅较大的跑法，后蹬动作较充分，后膝角 165°，摆动腿前抬较高，向前摆动动作大于向上动作，髋部前送，步幅较大。另一种跑法是较高频率的跑法，王军霞属于这种跑法。后蹬向前性好，后膝关节角 160°，摆动腿大腿抬得不高，髋部没有明显前送动作，膝关节主要是向前摆，转入支撑时水平制动较小。腿蹬离地面后，小腿后抬不高，几乎与地面平行，大小腿折叠 70° 左右，步幅较小。

呼吸节奏取决于个人的特点和跑的速度。在正常跑速时，三步一呼，三步一吸；随着跑速的增加，可改为两步一呼，两步一吸；在终点冲刺时有的运动员采用一步一呼，一步一吸。呼吸应与跑的节奏相配合。

长跑运动员跑的动作必须自然协调，必须具有较强的稳定的节奏，必须具备全程始终保持正确技术的能力。

(三)中、长跑的练习方法

1. 站立式或半蹲踞式起跑 60～80 米。

2. 80～100 米匀速跑。

3. 60 米加速跑—20 米慢速跑—60 米加速跑—20 米慢速跑。

4. 100 米中速跑加 100 米慢跑（或走）

5. 集体 600～1 000 米匀速跑。

6. 较长距离的匀速跑，越野跑。

7. 按水平分组，男 1 200 米、女 800 米匀速跑，在最后 100～200 米开始加速，冲刺跑过终点。

8. 按个人速度分配计划跑：男生 1 200～1 500 米，女生 600～800 米。

第三节 田赛

田赛是以高度和远度计算成绩的运动项目。包括跳高、撑杆跳高、跳远、三级跳远、铅球、标枪、铁饼、链球等项目，限于篇幅，本节只介绍跳远、跳高和铅球三个项目。

一、跳跃

(一)技术概念和特点

1. 概述

跳跃是非周期性运动项目。运动员经过助跑、起跳后，使自己的身体腾起，以克服最大的垂直方向或水平方向的空间距离为目的。跳跃主要包括跳远、三级跳远、跳高、撑竿跳高四大类。跳跃项目的特点：运动员在快速助跑起跳后，身体有一个明显的腾空阶段，身体重心轨迹呈抛物线，抛物线的高度是决定跳高成绩的基础，抛物线的远度是决定跳远成绩的基础；跳高运动员的抛物线轨迹形状像陡峭的山峰，跳远运动员的轨迹抛物线形状较平缓，三级跳远运动员身体重心的轨迹为三个相连的平缓抛物线。撑竿跳高是一项借助撑竿支撑与摆动并在撑竿上完成人体摆动，推竿而腾越过杆的项目，运动员的握竿高度和推竿高度是决定撑竿跳高成绩的基础。

跳高成绩由离地高度 h_1 和腾起高度 h_2 以及杆上高度 h_3 组成（见图 5-11）。离地高度决定于身高、体型和结束起跳时的身体姿势；杆上高度决定于过杆动作的合理程

图 5-11

度。以上两种高度通过技术改进提高很有限，只有随着身体素质和助跑起跳技术的不断提高与改进，使腾起高度得到较大幅度的提高，不断提高身体重心的腾起高度，才是提高跳高运动成绩的主要方向。

跳远成绩由三部分组成：起跳距离 S_1，即腾起瞬间起跳板前沿与身体重心之间的水平距离；腾空距离 S_2，即腾空中身体重心所通过的水平距离；落地距离 S_3，即足跟接触沙地瞬间身体重心与足迹最近点之间的水平距离。见图 5-12。在准确踏板前提下，跳远项目除身体重心的腾空远度 S_2 外，还应考虑腾空前身体重心离起跳线的水平距离 S_1 和落地前身体重心向前运动及伸腿的距离 S_3。但 S_2 在跳远成绩中占很大比重。因而不断提高身体重心腾空远度，是提高跳远成绩的主要方向。

图 5-12

2. 决定腾空远度和腾空高度的主要力学因素

按斜抛原理，某物体以一定的角度抛向空中且抛射点和落点在同一水平面时，其腾起初速度平方和腾起角正弦平方之积与两倍重力加速度之比为腾空高度；腾空远度为初速度平方和两倍腾起角正弦之比与重力加速度之比，即：

$$H = \frac{V_0^2 \sin^2 a}{2g} \qquad\qquad S = \frac{V_0^2 \sin^2 a}{g}$$

但在田径运动跳跃中，跳高的实际腾起高度还与运动员起跳瞬间身体重心的高度 h 有关，所以跳高中身体重心腾越高度为：

$$H = \frac{V_0^2 \sin^2 a}{2g} + h$$

跳远中由于起跳瞬间与落地瞬间运动员的身体重心不在同一水平面上，设其差距为 h，则跳远中身体重心腾越远度公式为：

$$S = \frac{V_0^2 \cos a}{g}\left[\sin a + \sqrt{\sin^2 a + \frac{2gh}{V_0^2}}\right]$$

田径运动跳跃成绩，虽然表现在运动员所腾起的远度或横杆的高度上，但实质是速度问题，腾起初速度越大，跳跃运动成绩越好。

3. 腾起初速度

运动员腾起初速度是一个矢量，它的大小与方向是由结束起跳瞬间身体重心所具有的水平分速度与垂直分速度决定的。结合人体运动与跳跃项目的特点，跳跃运动员创造一定的垂直速度要比创造一定的水平速度难得多。

创造水平速度时，运动员可以通过多次蹬地，使水平速度逐渐得到积累。因为当运动员结束一次蹬地时，身体即获得一定的向前速度，尽管由于阻力和下一次落地缓冲所产生的制动使向前运动的速度有某种程度的下降，但接着做出的后蹬动作，又使速度得到提高。每次后蹬增加向前的速度大于腾空落地损耗的向前速度，水平速度则不断地得到提高。

对创造垂直速度来说，情况就不同了。运动员在每次蹬地产生的垂直速度使身体产生向上运动。当身体腾空中达到最高点时，垂直速度下降为零；身体下落时，垂直速度为负值，这便是前一次蹬地产生的垂直速度不能在下一次蹬地中得到积累的缘故。

跳跃运动员起跳结束时身体重心的水平速度与垂直速度都必不可少，但跳跃项目不同，两者的作用也不同。水平速度与远度项目成绩关系十分密切，而垂直速度则主要是为了使运动员获得适宜的腾起角度。

垂直分速是组成跳高腾起初速度的主要部分，而水平分速的作用则是为了保证获得适宜的腾起角。

4. 起跳的力学机制

起跳是在人体快速向前运动的条件下，身体与地面发生的一次非弹性碰撞，接着以积极的蹬伸动作使人体腾起。这两个过程有着完全不同的肌肉用力特性：在碰撞时期肌肉完成退让性工作；在蹬伸时期肌肉完成克制性工作，两者有机结合组成起跳技术的整体。在起跳过程中会出现：打击力，缓冲时对地面的压力，制动力，蹬伸力，起跳中摆动动作的惯性力。

5. 空中动作的补偿理论

(1) 身体在空中的任何动作都不能改变身体重心的运动轨迹。

(2) 身体的补偿运动：当身体腾空时，某一部分的下降，必然引起另一部分的升高。跳高运动员利用补偿运动，将已过杆的身体部分下降，使即将过杆或正在过杆的身体部分上升，以达到经济过杆的目的。跳远、三级跳远运动员利用补偿运动，在一定限度内可推迟足跟触及沙面的时间，取得好成绩。

(3) 身体在空中的转动：可分为直接转动和间接转动。直接转动是与地面接触时已开始的转动，会影响起跳效果。间接转动，随着空中姿势的变化而变化，当转动半径不变时，线速度越大，其角速度也越大。当线速度不变时，转动半径缩短，则角速度增加。反之，转动半径加长，则角速度减小。跳高运动员过杆时，身体成"桥形"，使转动半径缩短以加快过杆动作。在过杆后，为了减慢转动速度，则使身体保持比较舒展的姿势，以平稳落地。

(二)跳远

跳远的技术是由助跑、起跳、空中动作和落地四个部分组成。

1.助跑

跳远的助跑速度与跳远成绩密切相关。助跑的任务就是获得更快的水平速度，并为准确的踏板起跳做准备。

(1) 助跑的方法：

助跑的加速方式有两种，即平稳加速方式和积极加速方式。

①平稳加速方式：

跑法与加速跑基本相同，特点是开始阶段步频较慢，然后加大步长或保持步长的基础上提高步频。

②积极加速方式：

步频始终保持在较高水平上，能够较早地摆脱静止状态并获得较高的助跑速度。适合于绝对速度较高的运动员。

助跑时，固定起跑姿势、加速方式和助跑的节奏，正确地设置助跑标志。对已确定的助跑距离，要根据外界条件的变化，及时调整。

(2) 助跑距离：

根据运动员跑的能力确定，跑的能力强，则助跑距离长。优秀男运动员一般为 40～45 米。

(3) 最后几步助跑的技术：

在最后几步助跑时，既要保持和发挥最高速度，又要为起跳做好充分准备。一般为两种技术类型：一种是步长相对缩短，步频加快，形成快速进入起跳的助跑技术节奏；另一种是步长相对稳定的情况下，加快步频，形成快速上板特征。最后几步步长没有明确的规定，根据队员个人特点，因人而易。鲍威尔跳8.95米时最后四步步长为：2.36米，2.42米，2.52米，2.25米。

2. 起跳

起跳时，应充分利用助跑所获得的速度，在较短时间内，创造尽可能大的腾起初速度和适宜的腾起角。起跳技术分为三个动作阶段：着地、缓冲、蹬伸。

（1）起跳脚着地：

起跳脚应积极、主动地着地。这既可以减少着地时的冲撞力，又为着地后快速前移身体做准备。起跳脚着地时，足跟与足掌几乎同时接触地面。

（2）缓冲：

起跳脚着地至膝关节弯曲程度达最大时，这一动作过程为缓冲阶段。缓冲的作用主要在于减缓起跳的制动力，减少助跑速度的损失，积极前移身体，为蹬伸创造有利条件。优秀运动员缓冲时膝角为 138°～145°，随着训练水平的提高和起跳技术的完善，起跳缓冲时，膝关节的弯曲度趋于减小。

（3）蹬伸：

蹬伸阶段是由起跳腿膝关节最大弯曲时始，至起跳脚蹬离地面止。

起跳蹬伸时，整个身体快速向上伸展，起跳腿的髋、膝、踝各关节要充分伸展。上体和头部保持正直。摆动腿大腿摆至水平或高于水平部位，小腿自然下垂。双臂前后摆起，肩、腰向上提起。起跳蹬伸时，要充分利用肌肉的弹性，发挥肌肉的收缩力，创造最大的起跳爆发功率。

（4）起跳过程的摆动动作：

跳远起跳过程中的摆动对于减少着地时的制动力、提高起跳速度、增强起跳效果有着十分重要的作用。摆动腿的摆动对起跳有直接影响。摆动的最高速度是摆动腿位于髋关节的正下方处。蹬伸离地时，摆动腿的摆动高度在水平部位或高于水平部位。在起跳过程中，起跳腿的伸展是在着地后 0.08 秒时开始的，此时摆动已完成近乎一半的摆动。当起跳腿伸展时，臂向上方的摆动动作已开始减速。这样起跳腿屈曲时由于摆动动作的作用而减少了起跳时的制动力。在起跳腿蹬伸时，摆动动作的反作用效果增大了对地面的压力。在起跳伸展的最后阶段，摆动动作的制动可使起跳腿更快地蹬伸。

3. 空中动作

起跳离地后，人体向空中腾起，并在空中完成各种动作的过程为空中动作阶段。空中动作就是减少身体向前旋转，保持身体在空中的平衡。空中动作有蹲踞式、挺身式、走步式三种。

起跳腾空后，摆动腿屈膝前摆，大腿高抬保持水平姿势，起跳腿自然放松地留在后面，成腾空步的姿势，见图 5-13。

图 5-13

(1) 挺身式：

起跳腾空后，摆动腿的大腿积极下压（如图 5-14④），小腿随之向下、向后方摆动，留在体后的起跳腿与向后摆动的摆动腿靠拢。当达到腾空最高点时，身体充分伸展，形成"挺胸展髋"姿势。两臂上举或后摆（图 5-14⑤），然后收腹举腿，双腿前伸，完成落地动作。

挺身式跳远能较充分地拉长体前肌群，有利于完成收腹举腿和落地时前伸双腿的动作，但空中动作的形式和用力特点与助跑起跳动作之间的衔接不紧密。

图 5-14

(2) 走步式：

走步式跳远的空中动作有两步半和三步半的走步两种。见图 5-15、图 5-16。

起跳腾空后，摆动腿下落并向后摆动，同时起跳腿屈膝前摆，在空中完成一个自然的换步动作，成为起跳腿在前、摆动腿在后的空中动作（图 5-15⑥，图 5-16⑦）。空中换步时，要注意保持跑的自然动作，以大腿带动小腿走动，摆动的动作幅度要大。空中完成一个换步接着落地称两步半走步式。空中完成二个换步动作为三步半走步动作。

图 5-15

图 5-16

　　走步式的摆臂动作有两种：一种是与下肢动作协调配合的自然前后摆动；另一种是与下肢协调配合的直臂绕环动作。

　　走步式空中动作的特点是：助跑起跳空中动作各种技术部分衔接紧密，动作自然连贯，便于发挥助跑速度和保持身体在空中的平衡。

　　(3) 蹲踞式：

　　腾空步后，起跳腿逐渐向摆动腿靠拢，然后两腿一起上举，使膝接近胸部。蹲踞式跳远的动作简单、易学，但起跳后容易产生前旋，因而要注意上体与头部保持正直的姿势，以维持身体的平衡，见图 5-17。

图 5-17

4. 落地

从起跳脚离地后，运动员身体重心抛物线的移动轨迹就已被决定。但在实际跳跃中，身体重心的落点要比足跟的落点更远些，因此，减小身体重心轨迹与足跟落点的距离是落地技术的主要任务之一。

落地前，双臂快速向后摆动，这有利于双腿向上抬起并向前方伸出。着地前尽量减小双腿与地面的夹角，以便于足的着地点更靠近身体重心轨迹的落点，增加跳跃距离。双足着地后，应及时屈膝缓冲，髋部迅速向前，双臂快速前摆，使身体特别是将臀部迅速移过落点。

5. 跳远常用练习方法

(1) 腾空步练习，自然走二三步后起跳成腾空步，连续做几次。

(2) 原地模仿起跳动作。

(3) 短、中距离助跑起跳成腾空步练习。

(4) 利用俯角跳板进行中短距离助跑起跳练习。

(5) 短程助跑蹲踞式跳远练习。

(6) 中、全程助跑蹲踞式跳远练习。

(7) 从高处跳下完成挺身式空中模仿动作。

(8) 短、中距离助跑的挺身式跳远练习。

(9) 短助跑起跳的走步式"换步"练习。

(10) 短、中距离助跑的完整走步式跳远练习。

(三) 跳高

1. 概述

背越式跳高技术的优越性在于能够利用助跑速度，提高跳跃的效果。技术类型为速度型、幅度型和中间型。发展趋势是助跑速度进一步加快，起跳时摆动腿的幅度加大。

2. 背越式跳高技术 (见图 5-18)

（1）助跑技术：

助跑的任务是获得必要的水平速度，在起跳前及时地调整动作结构和节奏，并取得合理的身体内倾姿势，为起跳和顺利地越过横杆创造条件。

背越式弧线助跑的意义：由助跑过渡到起跳阶段，如果运动时摆动腿支撑时屈膝程度相同，那么内倾状态下身体重心下降的程度要比竖直状态时大。从内倾状态进入起跳腿着地支撑，所形成的线运动制动和弧线助跑的惯性作用，能使身体自然竖直。弧线助跑时，运动员身体逐渐转向侧对横杆，最后从内倾姿势进入起跳，形成肩轴和髋轴的反向扭转，有利于产生人体绕纵轴的旋转。背越式跳高助跑路线大多采用"J"字形曲线。跑进时身体重心高而平稳，上体适当前倾，后蹬充分有力，前摆积极主动，脚着地时应靠近身体重心投影点，两臂配合大幅度摆动。在弧线段跑进时，身体逐渐向内倾斜，加大外侧臂和腿的摆动幅度，最后三步的节奏自然加快，最后一步最快。要特别注意每一步支撑阶段身体重心前移的幅度和速度，以及上体位置的相对稳定，以便能够顺利地过渡到起跳，并在起跳时使身体重心迅速地移向起跳点的上方。

（2）助跑和起跳结合技术：

为了由助跑快速、连贯地过渡到起跳，要求最后几步助跑在积极加速的情况下，动作结构无明显变化，上体稍有前倾，摆动腿积极前摆，并使着地点接近于身体重心的投影点。到最后第二步，摆动腿着地时积极下压扒地，在腿内侧的牢固支撑下，迅速前移身体重心，到支撑垂直部位时，身体内倾和膝关节弯曲达最大程度。为了进一步积极前移身体重心，应有力蹬伸摆动腿，并充分伸展踝关节，推动髋部和躯干大幅度快速前移。

（3）起跳技术：

　　起跳是跳高技术的关键，其主要任务是迅速地改变人体的运动方向，并获得尽可能大的垂直速度，同时还要产生一定的旋转力，保证过杆动作顺利完成。

　　助跑最后一步摆动腿支撑过垂直部位后，起跳腿积极踏向起跳点，此时要依靠摆动腿的有力蹬伸，保持身体内倾姿势向前送髋和前移躯干，使起跳腿一侧的髋超越摆动腿一侧的髋，以及保持肩轴几乎与横杆垂直的位置。接着，起跳腿以大腿带动小腿积极下压做向下扒地动作。着地时以起跳脚的外侧跟部接触地面，继而通过脚外侧滚动至全脚掌，脚尖朝向弧线的切线方向，随着身体由内倾转为垂直，迅速地完成缓冲和蹬伸，蹬伸动作依次由髋、膝、踝顺序用力。

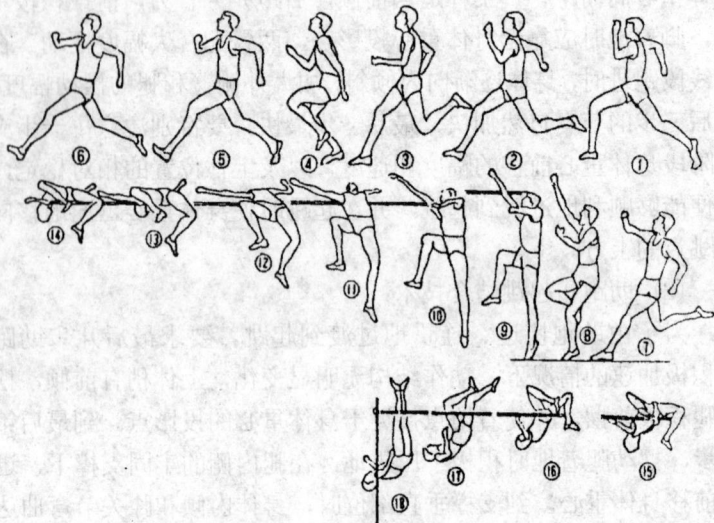

图 5-18

　　在起跳过程中，摆动腿和两臂应协调配合。腿臂摆动相对于支撑点的位置是不断地发生变化的。加速靠支撑点、加速离开支撑点和减速离开支撑点，分别产生减压、加压和减压的动作效应，可以使身体重心获得更大的垂直速度。当起跳脚着地瞬间，摆动腿应该靠近起跳腿，膝关节弯曲最大。随后大小腿展开，加速上摆，并带动躯干围绕纵轴旋转，直至突然制动。摆臂的方法有交叉双臂摆动和交叉单臂摆动。交叉双臂摆动的方法是，在起跳放腿阶段（见图 5-18）随着起跳腿的前伸，同侧臂交叉后引，而异侧臂像自然跑进一样向前摆出。当起跳腿同侧臂屈肘前摆时，双臂同时向前上方摆起，带动躯干伸展。交叉单臂摆动方法是，当起跳脚踏向起跳点时，两臂仍自然地做前后摆动，随着摆动腿的摆动，起跳腿的同侧臂由后向前上方积极上摆，摆动腿的同侧臂顺势上举。

　　(4) 过杆落坑技术：

　　过杆是最终决定跳跃成败的重要环节。起跳离地之后，保持住较伸展的姿势向上腾起，并在摆动腿和同侧臂的带动下，加速围绕身体纵轴旋转。随后以摆动腿的同侧臂和肩为先导顺着身体重心的运动方向越上横杆，同时借助摆动腿的上摆力量，提高髋部位置。当头和肩过杆后，及时仰头、倒肩和展体，并利用身体重心向上的速度，积极挺髋，两小腿稍后收，形成身体背弓姿势。当身体重心移过横杆时，及时地含胸收腹，控制上体继续下旋。

　　落坑技术比较简单，在向后上方甩腿之后，保持屈髋伸膝的姿势下落，最后以背部先落坑并做好缓冲。两腿适当分开，不能过大屈膝屈髋，安全落地。

　　3. 背越式跳高的基本练习方法

　　(1) 原地摆腿、摆臂练习。

　　(2) 原地和行进间的起跳练习。

　　(3) 上一步和三步助跑的起跳练习。

　　(4) 沿弧线做上一步和三步助跑起跳练习。

(5) 3～5 步弧线助跑起跳练习。

(6) 对着高横杆做 3～5 步助跑起跳练习。

(7) 原地挺髋、倒肩练习。

(8) 3～5 步助跑，借助跳板做起跳过杆练习。

(9) 3～5 步助跑，起跳过杆练习。

(10) 全程节奏跑起跳过杆练习。

二、投掷

(一)技术概念和特点

1. 概述

投掷是非周期性运动项目，运动员用旋转或直线的助跑方式给器械预先加速，然后通过最后用力使器械运动达到最大的水平空间距离。投掷项目包括推铅球、投标枪、掷铁饼、掷链球等。

2. 影响器械出手速度的主要因素

(1)助跑：

助跑的目的是使人和器械在最后用力前获得预先运动的速度，为最后用力创造有利条件。投掷助跑包括直线助跑和旋转两种形式。直线助跑时，人体和器械的运动方向与投掷方向一致，由此获得水平直线速度。旋转时，器械通过人体支点的垂直轴转动。助跑应不断地加速，人体重心保持相对平稳。助跑的节奏应保持稳定。

(2)最后用力：

最后用力是助跑结束后、人体进入双支撑前开始的，是获得投掷出手速度的关键阶段。合理的最后用力应考虑下列因素。

①肌肉收缩前预先拉长的速度和长度：

肌肉收缩前初长度是影响肌肉力量的因素之一。增加肌肉初长度依靠预先拉长。肌肉在被拉长过程中，储备了大量的弹性势能，在肌肉收缩时释放出来，从而提高了肌肉收缩的力量。在一定生理范围内，肌肉预先拉长的速度和收缩速度成正比，肌肉预先拉长的速度越快，肌肉产生的张力越大，引起反射性收缩速度越快。在投掷最后用力过程中，应尽可能使参与收缩用力的肌肉预先充分拉长，并加快引起这些肌肉拉长的环节动作速度，以便提高肌肉被预先拉长的速度。

②力量的递增梯度：

力量梯度是作用于器械的力和作用时间的比值。投掷项目要求在最后用力阶段在尽可能短的时间内发挥出最大的力。作用于器械的力反映为最后用力阶段身体各环节肌肉收缩力的总和，这些力最大值的波峰出现在不同时期，但器械总受力的变化趋势是呈不断递增而达到峰值。力量递增梯度越大，器械产生的加速度越大，因此，最后用力动作要求肌肉快速收缩，尽快达到最大力值。

③器械受力的作用距离：

器械受力的作用距离 $V = \dfrac{f \cdot L}{t}$，如果把 $\dfrac{f}{t}$ 看作力量梯度的变化，那么力的作用距离 L 就成为影响 V（器械出手速度）的另一主要因素。提高力的作用距离是合理技术中的重要组成部分，主要通过提高"超越器械"程度和加大用力幅度来实现。

④支撑：

最后用力时人体各环节肌肉有效用力都是在有支撑情况下进行的。下肢支撑为髋和躯干用力提供有力的支点。髋和躯干支撑点增加了肌肉用力的效果。支撑制动动作是动量传递的基本保证。

⑤过渡阶段：

过渡阶段将助跑和最后用力紧密连结起来。该阶段加快下肢动作，造成髋部动作速度超过肩部动作速度，肩部横轴又超过臂部运动速度，使身体处于扭紧状态，即所谓的"超越器械"动作。

(3)动量传递：

人体各环节在最后用力时符合人体运动链的原理。其合理性在于：

①环节依次加速运动，造成相邻环节肌肉依次快速拉长，然后引起有力收缩。

②动量依次传递：

最后用力时下肢制动，使人体助跑获得的动量传向躯干，与此同时躯干用力并产生加速运动。躯干运动减速后，动量传向上肢，引起上肢用力后的加速运动。身体各环节自下而上依次用力并相继加速运动，然后依次减速，动量依次传递，直到传向器械，大大提高了器械出手速度。

(二)推铅球

推铅球是古老的田径投掷项目之一。第一届奥运会就有铅球比赛，男子世界纪录为23.12米，女子世界纪录为22.63米；记录保持者男子为美国人巴恩斯，女子为原苏联运动员利索夫斯卡娅·纳塔利娅。

推铅球运动的发展趋势：铅球运动员大型化，男子身高1.90米以上，体重120千克以上，女子1.80米以上，体重90千克以上。推铅球技术向着简单、实用，充分发挥技术的总体效益方向发展。铅球运动员的训练中，更加重视发挥训练诸因素的综合效应、训练强度优先的训练原则。运动训练工作与体育科研工作一体化是迅速提高铅球运动水平的重要途径。

1. 推铅球项目的特点

推铅球是一个速度力量型项目，是一个以力量为基础、以速度为核心的田径投掷项目。铅球的出手初速度、出手角度、出手高度是决定铅球飞行远度的三个基本因素，其中初速度最重要。铅球出手的初速度主要是由最后用力推球的距离和时间决定的,用力距离越长,时间越短,则铅球出手的初速度就越大。最后用力的加速能力主要取决于运动员身体素质发展水平,特别是速度力量的发展水平及其掌握完善的推铅球技术的程度。计算资料表明,一名运动员铅球出手初速度为 13 米/秒,如在铅球出手前的 1 米内缩短 0.001 秒的用力时间,则出手速度增加 0.17 米/秒,则铅球可多飞行 0.40 米。又如,在不增加用力时间的条件下,推球距离增加 0.01 米,出手速度可增加 0.13 米/秒,则铅球可以多飞行 0.30 米。

2. 推铅球技术

推铅球的全部动作可以划分为三个基本阶段和七个时相(图5-19)。三个基本阶段为滑步阶段、过渡阶段、最后用力阶段。七个时相为:预备姿势①;下蹲②;右脚滑动开始③;右脚滑动结束④;左脚落地⑤;最后用力的准备部分⑥;最后用力的加速部分⑦。

图 5-19

滑步阶段是从预备姿势开始,经过下蹲,右脚滑动开始到右脚滑动结束(时相①~④)。其主要任务是使身体和铅球从静止状态向投掷方向产生运动,为最后用力提供一定的速度与有利姿势。

过渡阶段是从右脚滑动结束到左脚落地（时相④～⑤）。它既是助跑部分，更是最后用力部分。其主要任务是保持原有的速度、原有的姿势，直接进入最后用力。

最后用力阶段是从左脚落地到铅球离手，分为加速准备部分和加速部分。加速准备部分（时相⑤～⑥）是从最后用力开始到投掷臂给铅球用力之前。其主要任务是保持原有的运动速度，为投掷臂的加速用力进行最后的神经肌肉准备。加速部分（时相⑥～⑦）是投掷臂对铅球从加速到出手的作用过程。其主要任务是铅球运行的速度加到最大限度，并以适宜的角度将球推出。

3. 背向滑步推铅球技术

完整的背向推铅球技术可分为握球持球、滑步、过渡步转换、最后用力、维持身体平衡五个部分。

（1）握、持球技术：

握球手的五指自然分开，将球放在食指、中指、无名指的指根处，拇指和小指贴在球的两侧，以保持球的稳定，见图5-20。高水平运动员

图 5-20　　　　　图 5-21

可将球移至第一指骨上方，以利于发挥手指、手腕推球力量。握好球后，将球放到锁骨内端上方，贴紧颈部，掌心向前，右肘微抬起，右上臂与躯干约呈 90°角。躯干与头部保持正直，见图5-21。

（2）滑步技术（右手投掷为例）：

完整的滑步技术包括预备姿势、团身、滑步三部分，见图5-22。

①预备姿势：

运动员持好球后，站在投掷圈的后沿内，背对投掷方向，身体重心落在右脚掌上，左脚置于右脚跟后方 20～30 厘米处，以脚尖点地，帮助维持身体平衡。上体和头部保持正直，两眼平视，两肩与地面平行。

图 5-22

②团身动作：

运动员站稳后，从容不迫地向前屈体，待上体屈至接近与地面平行时，屈膝下蹲，同时头部和左腿向右腿靠拢，完成团身动作。这一团身动作的先后顺序可以保证下肢动作的连贯性和上体动作的平衡性。下蹲时右膝弯曲的程度，可视运动员的训练水平、柔韧性和灵活性而定，但必须有利于完整动作的快速节奏。左膝回收靠近右膝时，右脚有一个提踵动作，这一动作有助于滑步的起动。

③滑步动作：

　　滑步由身体重心后移，左腿向投掷方向伸摆开始，经过蹬伸右腿、回收右脚来完成的。滑步过程注意解决以下几个问题。

　　a. 两腿动作顺序：即伸摆左腿在先，蹬伸右腿在后，最后是回收右小腿。这一顺序可以避免身体重心起伏过大，并可保证迅速地进入下一阶段。

　　b. 左腿和躯干的关系：左膝伸开后应保持与躯干成一直线，直至最后用力开始。

　　c. 处理好铅球的位置：当右膝伸开后（右脚开始滑动的刹那）铅球处在右小腿的1/2处外侧的垂直面上。当回收右腿后，铅球约处在右膝上方外侧。

　　d. 右大腿和躯干夹角的变化：团身结束时这一夹角约为50°～60°，右脚离地时约为65°～75°。右脚滑动结束时约为80°～90°。

　　(3) 过渡步技术：

　　运动员回收右小腿结束，以脚尖着地，紧接着将左脚插向抵趾板，以脚掌内侧着地。右脚着地时，体重大部分落在右腿上；左脚着地时，身体重心移至两腿之间。在这一过程中，运动员上体和头部的姿态没有明显变化。

　　(4) 最后用力：

　　最后用力可分为准备和加速两部分：

　　①最后用力的准备部分从左脚落地到身体形成侧弓：

　　在这一过程中，投掷臂尚未给铅球加速，仅是依靠右膝的内压、右腿的侧蹬推动骨盆侧移。由于上体不主动抬起，头、颈不主动扭转，而使身体左侧的有关肌群形成最大拉紧状态，为最后加速用力创造了有利条件。

　　②最后用力的加速部分：

　　躯干形成侧弓后，在左腿有力支撑下，利用躯干的反振作用，顺势转肩伸臂完成整个投掷动作。在最后用力的过程中，左腿的支撑作用十分重要。它不仅可以提高铅球的出手点，更重要的是可以提高手臂的鞭打速度。左臂通过上、左、下方位的摆动，可起到三个方面的作用：a. 控制胸大肌的横向弓展；b. 协助身体完成左侧支撑；c. 加长推球手臂鞭打的距离。

（5）维持身体平衡：

铅球出手后，为了防止犯规，运动员通常采用换步和降低身体重心来缓冲冲力，以维持身体平衡。

4. 旋转推铅球技术

推铅球技术风格中最大不同的是旋转推铅球。该技术在一些国家已被成功地使用了多年。它的助跑阶段是按照铁饼旋转方式进行的。它可以增加铅球在助跑中运行的距离，提高铅球运行速度，但也增加了技术难度，特别是增加了旋转与最后用力衔接上的难度。

旋转推铅球的技术是：运动员背对投掷方向，两脚左右开立与肩同宽，持球臂的肘部向右展开与肩齐平，上体微前屈，以上体左右摆动为预摆。旋转是由上体向左摆的同时，向左转动左膝和左肩开始的，在胸部转向投掷方向之前右脚不离开支撑点。从左腿转向右腿的刹那间，几乎没有腾空，右脚落地要平稳，且富有弹性。右脚落地后，要尽快使左脚落地，以便形成躯干的最大扭紧状态，为最后转体用力提供最有利的条件。最后用力与滑步推铅球没有太大的区别，只是更多的利用了转体的动量。

5. 侧向滑步推铅球技术

身体左侧对投掷方向（以右手投掷为例），两脚开立，右脚脚心和左脚脚尖在一条直线上，该直线与投掷方向平行。身体重心落在右脚上。左脚做一二次预摆，当最后一次预摆摆回到靠近右大腿时，右腿迅速下蹲，接着左腿向投掷方向迅速摆出，同时右腿快速蹬伸，并迅速收右小腿，右脚掌接触地面滑动落在圆心处，落地时脚尖内扣，左腿同时积极下落，形成牢固的左侧支撑。当左脚一触地面，右腿用力蹬伸。右髋向投掷方向转动，促使髋部动作快于肩部动作，当身体重心从右脚经过两脚中间到左脚时，右腿迅速蹬直，上体和头利用身体的反振作用向投掷方向转动，伸右臂快速将球推出，同时注意屈腕和手指拨球动作，随后注意保持身体平衡。

6. 推铅球的练习方法

(1) 持球向下推铅球，体会手指拨球动作。

(2) 原地正向推铅球，体会推球时手臂的动作。

(3) 原地侧向推铅球，体会"超越器械"动作。

(4) 原地背向推铅球，体会推球前身体扭紧状态动作要领。

(5) 徒手团身模仿练习。

(6) 徒手侧身滑步练习。

(7) 徒手背向滑步练习。

(8) 持轻器械进行完整练习。

(9) 背向、侧向滑步推轻铅球。

(10) 圆圈内侧向滑步、背向滑步推轻铅球。

(11) 用标准球进行推铅球完整技术练习。

(12) 连续斜上推轻杠铃。

(13) 背抛铅球练习。

(14) 前抛铅球练习。

第四节 田径场地和主要规则简介

一、田径运动场地

(一)田径运动场地概述

田径运动场地是田径运动教学、训练、科研、开展群众性体育活动和组织田径比赛的不可缺少的物质条件。

　　田径运动场地的形状和结构有一个演变过程。最早的古代
奥林匹克运动会采用的是由一个直道演变到由两个平行的直道和
一个半圆弯道组成的"马蹄形"场地。第一届现代奥运会是由
两个直道和两个相等的半圆弯道组成的半圆式场地，一直沿用至
今。后来跑道的周长固定为 400 米，内突沿半径为 36.50 米。目
前公认的场地是内突沿半径为 37.898 米，半圆式 400 米场地。
其优点是：（1）有利于场地的多功能使用，即田径场内含有一
个标准足球场，足球比赛不需拆散内突沿，它的边线离田径场的
内突沿有 3.898 米，不影响足球运动员掷界外球和罚角球技术。
（2）有利于运动员弯道跑时发挥速度。（3）这种场地跑道弯道
总长 240 米，直段总长 160 米，都是整数，有利于跑道的计算和
丈量。

　　随着田径运动的发展和科技的进步，60 年代又出现了塑胶
跑道，这对田径运动成绩的提高起到了一定的作用。

　　标准的田径场地如图 5-23。

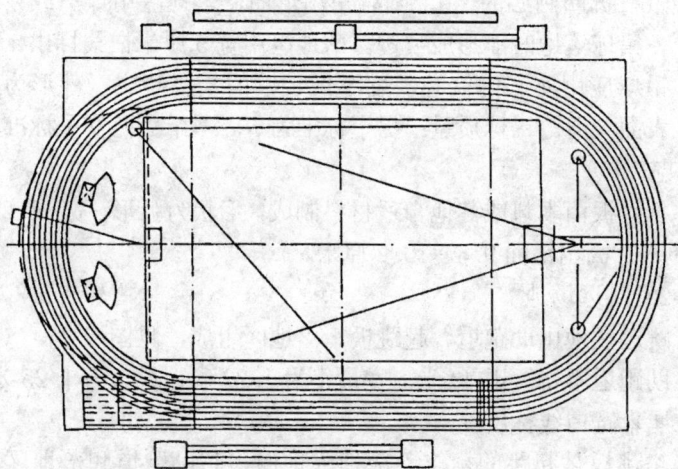

图 5-23

（二）部分项目场地规格

1. 铅球场地和器材

铅球场地由投掷圈、抵趾板、铅球、铅球落地区组成。见图5-24。

铅球投掷圈地面应用混凝土、沥青或其它坚硬而不滑的材料修建。地面水平并低于铁圈上缘 1.4～2.6 厘米。圆圈顶端与地面平齐。

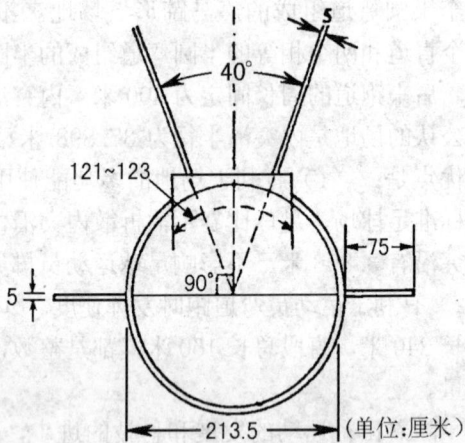

图 5-24

铅球落地区为经过投掷圈圆心的 40° 圆心角扇形面，落地区用煤渣或草地制成。铅球落地时能形成痕迹。落地区用宽 5 厘米白线标出。

铅球应用实心的铁等硬度不低于铜的金属制成，外形为球形，表面光滑。铅球质量：男子标准为 7.26 千克；女子标准为 4 千克。

抵趾板由木料或其他合适材料制成，形状为弧形，宽 11.2～30 厘米，高出地面 9.8～10.2 厘米。

2. 跳远场地

跳远场地由助跑道、起跳板、落地区组成，见图5-25。

助跑道不得短于 40 米，宽最小为 1.22 米，最大为 1.25 米，用 5 厘米宽白线标出。

起跳板是起跳的标志，应埋入地面，与助跑道和落地区表面齐平。板子靠近落地区的边缘称为起跳线。紧靠起跳线外应放置一块橡皮泥显示板，以便裁判员进行判断。起跳板至落地区远端不短于 10 米。

　　落地区宽最小为 2.75 米，最大为 3 米。如有可能，助跑道的位置尽量居中，即其中线延伸时与落地区在中线重合。落地区内应填充湿沙，沙面应与起跳板齐平。

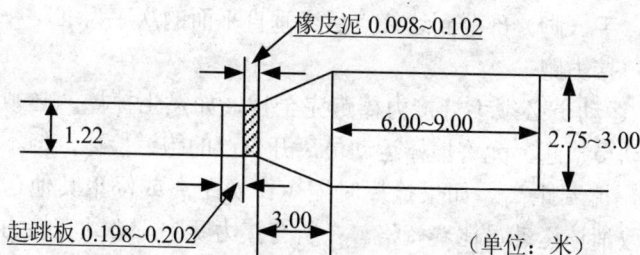

图 5-25

二、田径运动部分项目规则简介

(一)短跑

1. 手计时和全自动电子计时被承认为两种正式的计时方法。

2. 400 米及 400 米以下的各径赛项目，必须使用起跑器和蹲踞式起跑。运动员各就位时，其双手或双脚不得触及起跑线或线以前的地面。

3. "各就位"或"预备"口令发出后，所有运动员应立即做好最后预备姿势，不得拖延。经适当时间仍不服从命令者，以起跑犯规论。"各就位"命令下达后，如运动员用声音或其他方式干扰比赛中的其他运动员，以起跑犯规论。

4. 运动员在做好最后预备姿势之后和鸣枪之前开始起跑动作，应判为犯规。

5. 起跑犯规运动员必须予以警告。对两次起跑犯规有责任的运动员或全能运动中对三次起跑犯规有责任的运动员，应取消比赛资格。

6. 运动员由于受他人推、挤或被迫跑出自己的分道，未从中获得实际利益，则不应取消比赛资格。

7. 判断运动员的名次，应以身体的躯干（不包括头、颈、臂、腿、手、脚）部分到达终点后缘垂直平面的次序为准。

(二)接力跑

1. 运动员必须手持接力棒跑完全程，如发生掉棒，必须由掉棒运动员捡起。允许掉棒运动员离开自己的跑道捡棒，但不得因此缩短比赛距离。如果捡棒时缩短比赛距离或侵犯其他运动员，则取消该运动员比赛资格。在所有接力赛中，必须在接力区内完成传、接棒，接力棒只有传在接棒运动员手中的瞬间才算完成。是否完成以棒的位置为准。

2. 运动员传棒后，应留在各自分道内或接力区内，直到跑道通畅，以免阻挡其他运动员传棒，凡跑错位置或跑出分道而故意阻碍他队队员，将造成本队被取消比赛资格的后果。

3. 凡通过推动跑或其他方法受到帮助者，应取消其比赛资格。

4. 接力队一旦比赛开始后，在下一次比赛中，只准允许有两名队员作为候补队员。候补队员只能是已报名参加运动会的运动员。

5. 在每一赛场比赛前，必须声明接力队的组成及其各棒运动员的顺序。

6. 已参加过比赛的运动员，一旦被人替换则不能再参加后继赛次的接力比赛。

(三)中、长跑

1. 站立式起跑时，两脚必须与地面保持接触。

2. 在 1 000 米、2 000 米、3 000 米、5 000 米和 10 000 米的比赛中，如果运动员超过 12 人，可将他们分成两组同时起跑，大约 65% 的运动员为第一组位于常规起跑线上，其余为第二组位于另一条划在外侧一半跑道上的弧形起跑线上。

3. 800 米以上的项目，起跑时只喊"各就位"，等所有运动员站稳后鸣枪。"各就位"口令发出后，运动员应做好稳定的预备姿势，不得拖延时间，如有意拖延应判为犯规。

4. 运动员起跑第一次犯规，发令员予以警告。第二次犯规，取消比赛资格。

5. 运动员在比赛中，冲撞或阻挡别人跑进时，取消比赛资格。

6. 运动员在比赛途中擅自离开跑道，则不得继续参加比赛。

7. 运动员在比赛中不得接受任何人以任何方式提供的技术指导，也不得有人伴跑。

8. 800 米比赛中，跑进第一个弯道末端之前为分道跑，外道运动员必须通过抢道标志线方可切入里道。

(四)跳远

1. 运动员超过 8 人，每人可跳 3 次，有效试跳成绩最好的前 8 名运动员可再试跳 3 次。若第 8 名成绩相等，则成绩相等的运动员均可再试跳 3 次。运动员只 8 人或不足 8 人时，每人均可试跳 6 次。

2. 运动员的前 3 次试跳顺序由抽签决定。后 3 次按前 3 次试跳的成绩排序，成绩差的排在前面试跳。

3. 下列情况之一者，则判为失败。

(1) 不论在未做起跳的助跑中或在跳跃动作中，运动员以身体任何部位触及起跳线以外地面者。

(2) 从起跳板两端之外，不论是起跳板线延伸线的前面或后面起跳者。

（3）在落地过程中触及落地区外面，而区外触点较区内最近触点离起跳线近者。

（4）完成起跳后，向后走出落地区者。

（5）采用任何空翻姿势者。

4. 除上述（1）～（5）款之外，运动员在起跳板后面起跳，应为有效。

5. 试跳成绩应从运动员身体任何部分着地的最近点至起跳线或起跳线的延长线成直角丈量。

6. 每名运动员以其最好的一次试跳成绩，包括第一名成绩相等决名次的试跳成绩，为其最后的决定成绩。

（五）跳高

1. 运动员的试跳顺序应由抽签排定。

2. 比赛开始前，裁判员应向运动员宣布起跳高度及每轮横杆的升高计划，此计划直到比赛中只剩下一名运动员或出现第一名成绩相等为止。

3. 除非比赛中只剩下一名运动员，并且他已获得该项比赛冠军，否则：

（1）每轮之后，横杆提升幅度不得少于 2 厘米。

（2）全能比赛每轮提高均为 3 厘米。

4. 运动员必须用单脚起跳。

5. 如有下列情况之一者，则判为试跳失败。

（1）试跳后，由于运动员在试跳时的动作，致使横杆未能留在横杆托上。

（2）在越过横杆之前，身体任何部位触及立柱之间、横杆延长线垂直面以外的地面或落地区者。

6. 运动员可以在主裁判事先宣布的横杆升高计划中任何一个高度上开始试跳，也可以根据自己的愿望在任何一个高度上决定是否起跳，但不管在任何高度上，只要连续 3 次试跳失败即失去继续比赛资格。因成绩相等而进行的第一名决名次的试跳除外。

7. 每次横杆升高以后，在运动员试跳之前均应丈量高度。

8. 即使其他运动员均已失败，一名运动员仍有资格继续试跳，直至其放弃继续比赛权利。

9. 每名运动员以其最好的一次试跳成绩，包括第一名成绩相等决定名次赛的试跳成绩，作为最后决定成绩。

（六）铅球

1. 运动员超过 8 人，每人可试掷 3 次，有效成绩最好的前 8 名再试掷 3 次。倘若第 8 名成绩相等，则成绩相等的运动员也应允许再试掷 3 次。当比赛人数少于 8 人时，每人均可试掷 6 次。

2. 运动员前 3 次试掷顺序由抽签决定。后 3 次按前 3 次试掷的成绩排序，成绩差的排在前面试掷。

3. 一旦比赛开始，运动员无论持器械与否均不得使用投掷圈或落地区以内的地面练习试掷。

4. 在比赛场地，每名运动员在裁判监督下最多能练习试掷 2 次。练习试掷顺序按抽签决定的顺序进行。

5. 铅球应从圈内推出，运动员必须从静止姿势开始进行试掷。允许运动员触及铁圈和抵趾板的内侧。

6. 铅球应从肩部单手推出。当运动员进入圈内开始试掷时，铅球应抵住或靠近下颌，在推球过程中持球手不得降到此部位以下。铅球不得置于肩轴线后方。

7. 运动员的辅助设备

（1）不允许使用任何装置对运动员试掷时进行任何帮助。除开放性损伤需要包扎外，不得在手上使用绷带或胶布。

（2）不允许使用手套。

（3）为了能更好地持握铅球，运动员可使用某种物质，但仅限于双手。

(4)为了防止脊柱受伤，运动员可系一条皮带或其他合适材料制成的带子。

(5)运动员不许在圈内或鞋底喷洒任何物质。

8. 运动员进入圈内并开始投掷后，如果运动员身体的任何部位触及圈外地面，或触及铁圈上沿或抵趾板上面，或以不符合规定的方式将铅球推出，均为一次试掷失败。

9. 铅球必须完全落在落地区角度线内沿以内，试掷方为有效。

10. 每次试掷后，应立即进行丈量。从铅球着地的最近点与圆心之间的直线量至投掷圈内沿。

11. 运动员在器械落地后方可离开投掷圈。离开投掷圈时，最先接触到的铁圈上沿或圈外地面必须完全在圈外白线的后面，圈外白线的后沿理论上应通过圆心。

12. 器械应运回到投掷圈，不许扔回。

13. 每名运动员以其最好的一次试掷成绩，包括第一名成绩相等决名次的试掷成绩，为其最后决定成绩。

14. 可用醒目的旗帜或标志物标出每个运动员的最好成绩，安放标志物时，应沿白线方向放置在白线外侧。

应用醒目的旗帜或标志物标出现行的世界纪录，在合适场合也可标出现行的洲纪录或国家纪录。

第六章　游泳运动

第一节　概　述

一、现代奥运会游泳发展概况

1888 年，法国教育家皮埃尔·德·顾拜旦提出了恢复奥林匹克运动会的建议后，得到了很多人和国家的支持，1894 年 6 月 18～24 日在法国巴黎召开了国际体育会议，决定 1896 年在希腊举行第 1 届奥林匹克运动会并成立了奥林匹克委员会，决定每四年举行一次奥林匹克运动会。

在举行第 1 届现代奥运会时，就把游泳列为竞赛项目之一。当时只有 100 米、500 米、1 200 米自由泳三个比赛项目。匈牙利人海奥什获得 100 米自由泳冠军，成绩是 1 分 22 秒 2。以后又陆续增加了其他比赛项目。

1908 年，在英国伦敦举办第 4 届奥运会时，成立了国际业余游泳联合会，审定各项游泳世界纪录，并制定了国际游泳比赛规则。

1912 年，在瑞典斯德哥尔摩举行的第 5 届奥运会，开始把女子游泳列入比赛项目。澳大利亚人弗·达尔克获得 100 米自由泳冠军，成绩是 1 分 22 秒 2。

第 1 至第 5 届奥运会上，获得各项冠军的有匈牙利、英国、德国、美国、澳大利亚等国的运动员。

第 6 届奥运会，由于第一次世界大战的原因而停办。

第 7 届至第 9 届奥运会，美国队成绩比较突出。

　　第 10 和第 11 届奥运会上，日本男子几名优秀游泳运动员的出现，在世界泳坛上轰动一时，也是日本游泳成绩最盛的时期。女子游泳比较突出的则是美国、荷兰等国的运动员。

　　第二次世界大战期间，奥运会中断了两届。

　　1945 年第二次世界大战结束以后，无论是战胜还是战败国都要重建家园，恢复经济，奥委会决定 1948 年 7 月 29 日～8 月 14 日在英国伦敦继续举行第 14 届奥运会。当时除去战败国家日本、德国以外参加比赛的国家之多（57 个国家）、运动员人数之多（4 468 人），超过以往各届。美国在男女 11 个项目中获 8 项冠军。

　　第 15 届奥运会上，美国继续取得比赛的优势，匈牙利初露锋芒。在这届奥运会，国际规则中把蛙泳和蝶泳分为两个单项比赛。从此，竞技游泳发展成仰、蛙、蝶、爬泳四种姿势。以后一段时间，运动员为追求快速度，蛙泳技术逐渐演变为潜水蛙泳，成绩的确进步很快。在墨尔本举行的第 16 届奥运会，采用潜水蛙泳技术的运动员是日本运动员古川胜，获得 200 米蛙泳的冠军，成绩是 2 分 34 秒 7。随后，国际泳联开会决定今后蛙泳比赛禁止采用潜水蛙泳技术。在第 16 届奥运会上澳大利亚运动员威震全球，获得男女 13 个项目的 8 项冠军，澳大利亚一跃成为游泳强国。女子游泳项目更为突出，尤其是女运动员弗雷泽从 1954 年开始，先后 27 次打破自由泳世界纪录。60 年代，美国男女运动员兴起，在所有游泳比赛项目中占有绝对优势。进入 70 年代后，民主德国女子游泳开始兴起，在 1973 年第 1 届世界游泳锦标赛上以 10∶3 冠军之比，第一次超过美国女队。从此以后，民主德国女队在世界性大赛上，一直以绝对优势占据首位，直至 1988 年汉城奥运会之后。

二、我国游泳运动发展简况

在旧中国，由于民族压迫和贫穷落后，广大劳动人民长期处于受压迫和受剥削的地位，游泳运动不可能得到广泛开展。游泳作为一个竞赛项目，也只限于沿海城市。当时的竞技水平也很低，截至 1949 年新中国成立为止，全国纪录也就相当于现在二级运动员水平。

新中国成立后，在党和人民政府的领导和关怀下，全国群众性游泳运动发展很快。1952 年举行新中国成立后的第一次全国性的游泳比赛，到了 1954 年解放前的游泳最高纪录全被刷新。

由 1952 年到 1959 年第一届全运会前期间，除去国内一年一度的全国性比赛以外，我国运动员已经频繁参加国际性比赛和出国访问比赛。这样增加了运动员参加国际比赛的经验，交流了技术，运动成绩有了大幅度的提高，也给祖国争得了荣誉。如 1953 年第一届国际青年友好运动会上，我国优秀运动员吴传玉以 1 分 06 秒 4 的成绩获得男子 100 米仰泳的冠军。从此我国运动员陆续走向世界泳坛。1957 年至 1960 年间，我国著名游泳运动员戚烈云、穆祥雄、莫国雄 3 人先后 5 次打破男子 100 米蛙泳的世界纪录。其他，如男子 100 米自由泳、100 米蝶泳、200 米蛙泳也先后达到国际水平。

1982 年后，国家体委提出我国游泳运动发展的初步设想，确定了广东、上海、北京、成都等第一批游泳训练基地，为今后游泳运动的腾飞打下了雄厚的基础。特别是 1988 年汉城奥运会后，中国游泳通过"走出去，请进来"，大量吸收外国的先进技术和训练手段，推广科学训练，使我国的游泳运动有了长足的进步。1989 年亚洲游泳锦标赛上，总共 31 块金牌中，中国获得 24 枚，并获 15 枚银牌和 4 枚铜牌。在亚洲泳坛中，中国首次胜过日本。在此之后分别有 32 人在 12 个项目中进入奥运会决赛，4 破世界纪录，6 破奥运会纪录，为我国的游泳运动写下了光辉的一页。

三、游泳技术原理

游泳是在水的环境中进行的，由于水的某些物理特性对运动技术产生特殊要求和效果。

根据牛顿第三定律解释，游泳时获得前进速度就必须向后取得对运动的支撑作用。游泳时由于人体结构、肌肉工作条件关系，技术要符合人体结构的可能性和合理性才能有效。如人体上肢大都以弧形动作出现，曲线动作虽然有损前进效果同时产生有碍前进的分力，但它可发挥肌肉的力量。所以现代游泳技术多是纵向横向结合的合理技术，用合力方向取得推动前进支撑。

当前技术发展的实质是"动作实效"，这要从动力效果和动力消耗两方面分析，即划水的支撑力和身体前进时受阻程度之间的对比。

动作增阻要加大能耗，而身体减阻要减少能耗，因而许多科学工作者经过研究提出，游泳时要在一定技术条件下改进身体姿势，相对的来提高推动力，其最终是取得"实效"。但是一切技术的改进，都将在以维持合理的身体姿势的条件下来制约技术。

由于篇幅所限，本章主要介绍蛙泳技术和爬泳技术。

第二节 蛙 泳

一、概述

蛙泳是模仿青蛙游泳动作的一种游泳姿势，也是最古老的一种游泳姿势，早在 2 000～4 000 年前，在中国、罗马、埃及就有类似这种姿势的游泳。

现代蛙泳技术经过长期的演化和改进已经形成了一整套完整的技术动作，在后面将逐一详述。

二、蛙泳技术分析

（一）身体姿势

蛙泳和其他游泳姿势一样，运动员在游进中必须保持身体处于较好的流线型姿势，以便减少阻力，充分发挥手臂和腿的推进作用。

蛙泳在游进中，身体不是固定在一个位置上，而是随着手、腿动作不断变化着。当蹬腿结束后，两臂并拢前伸，两腿伸直，这时身体处于较好的流线型滑行姿势，身体较平，头略抬起，水浸于前额处，胸部一部分、腿部和大小腿处在水平姿势，这时身体纵轴与水平面约成 5°～10° 角，见图 6-1。

图 6-1

要保持身体成较好的流线型，应展胸，稍收腹，微塌腰，两腿并拢，两臂尽量伸直，颈部稍紧张，头略抬起，眼睛注视脸下方，当吸气时，下颌露出水面，肩部升起，这时身体与水平面的角度较大，约成 15° 角。当蹬腿时脸部又浸入水中，而头的一部分可露出水面向前游进，吸气时，如果抬头过高或挺起胸部，会造成身体下沉，增加阻力。

（二）腿部动作分析

蛙泳腿部动作是推动身体前进的主要力量之一。为了便于分析，我们把腿的动作分为收腿、翻脚、蹬腿、滑行四个阶段，但它们之间是紧密相连的完整动作。

在蛙泳腿的动作中，有宽蹬腿、窄蹬腿两种技术。本文着重介绍窄蹬腿的技术，现分析如下：

1. 收腿

把腿收至能为翻脚蹬水创造有利条件的位置，同时既要减少阻力，又要考虑手脚配合因素的需要。开始收腿时，两腿随着吸气的动作，自然向下，同时两膝自然逐渐分开，小腿向前回收，回收时两脚放松，脚踝向臀部靠拢，边收边分，收腿时力量要小，两脚和小腿回收时要收在大腿的投影截面内，以减少回收的阻力，见图6-2。

收腿结束后，运动员大腿与躯干成 120°～140° 角，见图6-3。两膝内侧与髋关节同宽。大腿与小腿之间的角度约成 40°～50° 角，并使小腿尽量成垂直姿势，这样能为翻脚、蹬水作好准备。

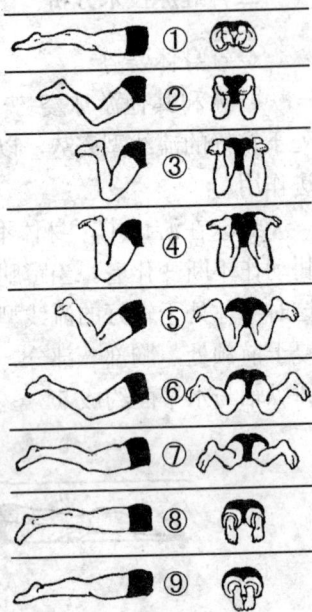

图6-2

2. 翻脚

在蛙泳技术中，翻脚动作很重要，直接影响到蹬水的效果；但翻脚能造成有利的对水面，首先取决于踝关节的灵活性和腿部的柔韧性。一般情况下，如果踝关节灵活

120°～140°

图6-3

性不好可采用稍宽的收脚技术，踝关节灵活性较好可采用稍窄的收腿技术。

收腿将结束时，脚仍向臀部靠近，这时膝关节向里扣同时两脚向外侧翻开，使脚和小腿内侧对好蹬水方向，这样能使对水面加大，并为大腿发挥更大的力量做好积极准备。

收腿与翻脚、蹬水是一个连续完整的动作过程。正确的翻脚动作，是在收腿未结束前就已开始，在蹬水开始时完成。如果翻脚后，腿处于停滞状态，则会破坏动作的连续性，并增大阻力。

图 6-4 中表示出蛙泳腿部动作在一个动作周期中，踝关节点轨迹的侧视图。从 a 到 b 是收腿和翻脚两动作的轨迹。从图上可见，这两个动作过程中，脚的方向是向前的，受到升力和阻力是不利于前进的。因此，踝关节应略为绷直，不宜勾着脚做收腿动作。

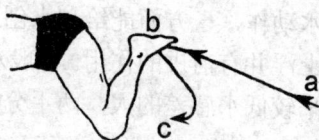

图 6-4

3. 蹬腿

蛙泳腿部动作效果的好坏，取决于蹬腿动作技术，蹬水动作实际包含有夹水动作，因为在翻脚中，两膝向里，两脚向外的动作中已经为蹬水夹水做好准备，同时它也限制了脚向外侧蹬，为向后蹬水造成了唯一的方向。蹬水中的夹水动作，即在两腿并拢时，腿有向下压的动作，这种动作可以使身体升起，有利于向前滑行。

4. 滑行

蹬脚结束后，腿处于略低的部位，脚距离水面约为 30～40 厘米，这时运动员随着蹬水的效果向前滑进，如果腿处于过低的部位，会增大阻力。所以蹬腿动作结束后，应保持腿部较高的位置，有利于减少阻力，并为下一个循环动作做好准备。

(三)臂部动作分析

1. 开始姿势

当运动员蹬水动作结束时，两臂保持一定的紧张自然向前伸直，两臂与水面平行，掌心向下，手指自然并拢，使身体成一直线，形成较好的流线型。

2. 抓水

从开始姿势起，手臂先前伸，并使重心向前，同时肩关节略内旋，两手掌心略转向斜下方，并稍勾手腕，两手分开向侧斜下方压水，当手掌和前臂感到有压力时，就开始划水。

抓水时，手的运动为向前、先向下再向上、向外三个动作。抓水动作，一方面能给划水创造有利条件，另一方面还能造成身体上浮并有前进的作用。一般水感较好的游泳者，抓水动作较快；水平较低水感差的人，两手分得很开才能抓上水。

3. 划水

当两手做好抓水动作，两臂分至大约 40°～45° 夹角时，手腕开始逐渐弯曲，这时两臂两手逐渐积极地向侧、下、后方屈臂划水，见图 6-5。

图 6-5

划水时，手的运动应分为两个部分。前一部分，手向外、向下、向后运动，见图 6-6；后一部分，手向内、向下、向后运动，见图 6-7。

图 6-6

图 6-7

前一部分，水流从小指一边流向大拇指一边；后一部分，水流从大拇指一边流向小指一边。划水推进力都为升力型，手的迎角大致为 45°。从抓水转向划水，前臂由内旋转为外旋，所以掌心由外侧后朝向变为内侧后朝向。在划水中，肘关节要保持较高位置，这样能有效地发挥大肌肉群的力量，同时又能造成有利的划水面，提高划水实效。划水时，身体位置上升较高，这是合理现象，臂与肘几乎同时做动作，收手时不应降低划水速度，而是以更快的速度来积极完成动作，见图 6-8。

4. 收手

收手是划水阶段的继续。收手时，手的运动为向内、向上、向前三个分动作，见图6-9。图中所表示出的是三个

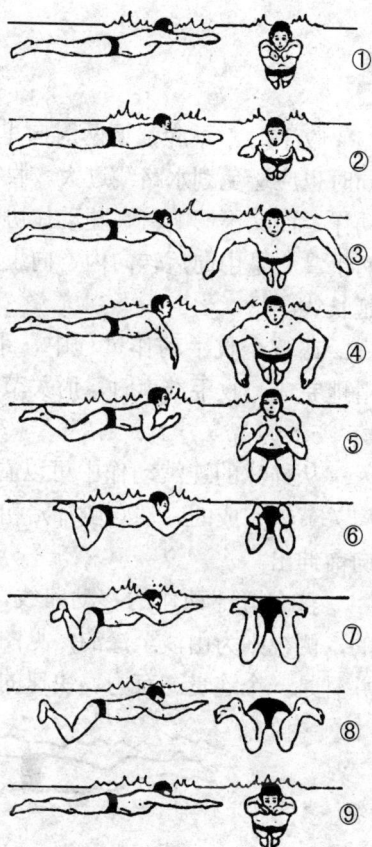

图 6-8

分运动和它们的合运动。在收手段，手的阻力对划水推进力不起作用，只有升力成为推进力。手的迎角大致为 45°。由于前臂外旋，掌心逐渐转向朝内。

图 6-9

收手时，不应强调两肘向里夹的动作，这会削弱划水力量，同时也应避免划水路线过大。收手动作应有利于做快速向前伸手动作，而又不影响臂、腿动作协调配合。当手收至头前下方时，两手掌心是由向后转向内、向上的姿势，这时大臂不应超过两肩延长线。

在整个收手动作过程中，手的动作应积极地、快速地、圆滑地完成。收手结束时，肘关节低于手，大小臂成锐角。

5. 伸臂

从蛙泳的连续动作中可以看出，伸臂动作是由伸直肘关节、肩关节来完成的。掌心由开始朝向上方逐渐转为朝向下方，同时向前伸出。

整个臂部动作的移动路线，无论是俯视或仰视都是椭圆形的，侧视则为由浅至深的，见图 6-10；要由下向上、向前伸出，并且是一个连贯、有力、快速的完整过程。

图 6-10

（四）臂与呼吸和臂、腿、呼吸完整的配合技术分析

蛙泳的配合技术要比自由泳、仰泳的配合复杂。初学蛙泳的人，应采用手臂开始划水时吸气较为有利。选择怎样的配合技术，应该根据个人特点，合理地选择适合自己的技术，但应避免配合动作不协调或中间有停顿现象。

第三节　爬　泳

一、概述

爬泳，俗称自由泳。游爬泳时，运动员在水中成俯卧姿势，两腿交替上下打水，两臂轮流划水，动作很像爬行，所以人们称之为"爬泳"。

爬泳是四种竞技游泳技术中速度最快的一种姿势。在奥运会自由泳项目的比赛中，运动员都采用这种姿势，所以通常称为"自由泳"。

二、技术分析

（一）身体姿势

游爬泳时，合理的身体姿势可以减少游进时的阻力，有利于发挥两臂的作用，有利于使动作配合更加协调有力。

1. 游爬泳时，运动员身体要保持水平姿势，成较好的流线型，身体纵轴与水平面构成约 $3°\sim5°$ 角的迎角，见图 6-11。

图 6-11

2. 头部应自然颈后屈，两眼注视前方，头的1/3露出水面，水平面接近发际。为了取得动作效果，允许双腿稍有下沉。

3. 游进中身体可以围绕身体纵轴有节奏地转动，这种转动一般在 35°～45°角之间，见图6-12。

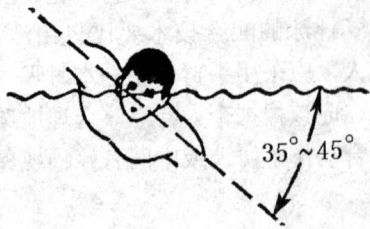

图 6-12

(二)腿部动作

爬泳技术中，打腿动作主要是起着维持身体平衡的作用，使下肢抬高保持身体成较好的流线型，以及协调配合两臂有力的划水动作。游进的速度越快，腿的作用也就越小。

游爬泳时，两腿的动作效果，决定于腿的技术，决定于踝关节的柔韧性和腿部的肌肉力量。

爬泳腿的打水动作，几乎在身体的矢状平面上进行；从垂直面看，两腿分开的距离约为 30～40 厘米，膝关节弯曲约在 160°角，见图6-13。

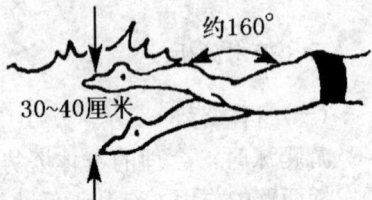

图 6-13

在游进中，腿向上打水时，脚应接近水面，腿向下打水时，不应超过身体在水中的最低部位。

现在下面以一条腿为例，分析腿的打水动作。

1. 正确的打水动作是"脚"稍向内转，"踝关节"自然放松，向上向下动作应该从"髋关节"开始，"大腿"用力，通过整个腿部，最后到脚部。

2. 从腿向上动作开始，当大腿带动小腿从下直腿向上移至踝关节、膝关节和髋关节与水平面平行时，大腿稍向上而终止移动，并开始向下打水。当大腿用力开始向下打水时，由于惯性的作用，此时小腿和脚仍继续向上移动，而使膝关节弯成一个大约 160° 的角（见图 6-14），这时小腿和脚达到最高点。由于大腿继续向下移动和股四头肌的有力收缩，从而带动小腿和脚完成向下打水动作。

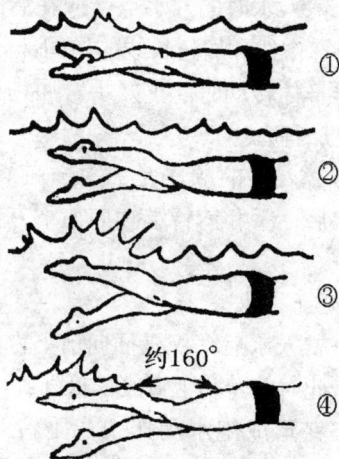

图 6-14

爬泳技术中腿部的动作应该是：向下屈腿打水，向上直腿打水。腿的打水动作主要是起平衡和稳定作用，与爬泳技术中的划臂动作比较，它产生的推动力很小。但腿的动作效果好坏是很重要的，如果腿的力量不好，就很容易产生疲劳，影响身体平衡，产生不必要的阻力。

(三)臂部动作

爬泳技术中，臂划水动作是推动运动员身体前进的主要动力。

为了便于分析臂划水动作，将臂的循环动作分为入水、抱水、划水、出水和空中移臂几部分，但在实际划水动作中，它们是紧密相连的一个完整动作。

1. 入水

臂入水时，肘关节略屈并高于手，手指自然伸直并拢，手指向斜下方切插入水，或掌心稍向外侧切入水中动作要自然放松。

　　臂入水时的入水点，应在肩的延长线上，或在身体中线和肩延长线的中间部分，见图 6-15。这样身体转动时，正好手臂屈到身体下面，使划水更加有力。

　　臂入水的顺序是：手→前臂→上臂。手切入水后，手和前臂继续向前下方伸展，手向前、向下。

　　2. 抱水

　　臂入水后，积极插向前下方至有利于抱水部位，此时前臂和上臂应积极外旋，并屈腕、屈肘。

　　在形成抱水动作中，手臂开始是直的，当手臂滑下至与水平面成 15°～20° 时，"应逐渐屈肘，使肘高于手"。高肘的目的可以使手和前臂能最大限度地向后对水，到划水开始，手臂与水面成 40° 角，肘关节屈至 150° 左右。

图 6-15

抱水的动作好像用臂去抢一个大圆球一样，使肩带肌群充分拉开，给划水动作创造有利条件，见图 6-16。

　　抱水是使手和前臂更好地抓住水的积极动作，但在整个划水周期中，它是相对放松和缓慢的部分。在抱水动作中，应避免手向侧、向外滑开和很快滑下，如果抱水时肘过低或低于手就会划空。入水和抱水是不可分割的，当臂入水后，有一短暂的向前下方伸臂、伸肩动作，而不宜入水后立即抱水。

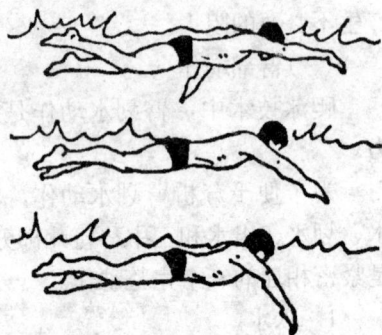

图 6-16

3. 划水

指手臂在前方与水平面成 40° 角起、至后方与水平面成 15°～20° 角止的这一动作过程，是运动员获得推进力的主要阶段。这个阶段又分为两部分：从整个臂部划至肩下方与水平面垂直之前称为"拉水"；过垂直面后称为"推水"。

拉水时，升力和阻力对推进力起相等的作用，手的迎角大致为 55°。从抱水转为拉水，随着前臂的外旋，掌心由后转为向内后方向。

当拉水结束而转为推水时，前臂由外旋转为内旋，掌心由朝内后方向变为朝后方向。拉水到推水的转换阶段，阻力占支配地位，手的迎角在 80° 左右。但这个角度不是千篇一律的，而是由于拉水是从直臂到曲臂的过程。抱水结束时，屈肘为 150° 角左右。拉水时前臂的速度快于上臂，继续屈肘，当臂划至肩下方时，屈肘约为 90°～120° 角，见图 6-17。

90~120°

图 6-17

推水时，划水推进力中升力占主导地位，是升力型。手的迎角大致为 45°。由于在拉水向推水转换过程中，前臂的内旋动作使推水阶段掌心朝向外后方向。

从拉水转入推水，应该是连贯地加速完成，中间没有停顿，特别是过肩下垂直线时，不要失掉手对水的支撑感觉。要使上臂与前臂同时向后划动，同时使肩部后移，以加长有效的划水路线。

整个划水动作相对游泳者的身体来说，在抱水和拉水的开始部分，手在肩前；划水的中间部分，手在胸腹下；到推水后，手在大腿旁。手的轨迹呈现出一个稍微弯曲的"S"形（见图 6-18），这是由于屈臂划水和身体围绕纵轴转动而形成的自然曲线。

在划水过程中，肩部向前、向下和向后的合理转动，有利于加长划水路线和加大划水力量。

4. 出水

在划水结束后，臂由于惯性的作用而很快地靠近水面，应立即借助三角肌的收缩将臂提出水面，这时由于手臂放松的关系稍微屈肘。出水时，肩部和上臂几乎同时出水。

图 6-18

出水时，由上臂带动肘部向外上方做"提拉"动作，将前臂和手提出水面。前臂出水动作要比上臂稍慢些，掌心向后上方。手臂出水的动作必须迅速而不停顿，但同时应该柔和，前臂和手掌应尽量放松。

5. 空中移臂

臂在空中前移的动作是手臂出水的继续，不能停顿，移臂的动作应该放松自如，尽量不要破坏身体流线型，要和另一臂的划水动作协调一致，臂在空中前移要注意节奏。

移臂时，肩带肌肉应该向上、向前拉开，肩部靠近耳旁，使肩胛骨和锁骨转动，肩关节前移，这样有利于加大手臂动作的幅度和长度。

(四)两臂的配合技术

爬泳两臂的正确配合技术是运动员身体前进速度均匀性的重要条件之一，两臂的合理配合也有利于发挥肩带力量积极参加划水。划水时由于两臂所处位置不同，可分为两种组成形式，即前交叉、中交叉。

1. 前交叉配合

一臂入水时另一臂处于肩前方，与水平面构成 30°左右夹角，见图 6-19①。

图 6-19

2. 中交叉配合

当一臂入水时，另一臂处于肩下垂直部位，与水平面构成 90°左右角，见图 6-19②。

以上两种配合形式都各有其特点，对于一般初学者来说，可以采用第一种形式，以有利于掌握爬泳动作，特别是呼吸动作。对于有一定基础的练习者，可以尝试第二种配合形式，有利于发挥两臂力量和提高动作频率，加快速度。

(五)呼吸与臂的配合技术

爬泳中呼吸动作比较复杂，要在水面上吸气，在水面下呼气。

1. 呼吸

爬泳技术中的划水力量和速度耐力都与呼吸技术有关。

爬泳时，一般在两臂各划水一次的过程中做一次完整的呼吸，即吸气、憋气、呼气动作。吸气时肩和头向一侧转动，使口在低于水平面的波谷中吸气。在转头吸气时，不应抬头，否则会使颈部肌肉紧张，破坏身体平衡，导至下肢下沉；转头时也不要过大过猛，否则会造成身体围绕纵轴过分摆动，破坏臂腿动作配合。

2. 呼吸与臂的配合技术

我们以向右转头吸气为例。当右手入水后，口和鼻开始慢慢呼气；右臂划水至肩下，向右侧转头，呼气量开始增加；右臂推水即将结束时，呼气量进一步加大；右臂出水时张口吸气；移臂至体侧时，吸气结束并开始转头复原；继续转头、移臂并憋气，脸部转向前下方；当头部姿势稳定时右臂入水，开始慢慢呼气。

(六)爬泳的完整配合技术分析——腿、臂、呼吸配合技术分析

爬泳技术中的完整协调一致的配合，是匀速地、不间断地向前游进的保证，其中手臂的动作是推进力的主要部分。下面是6:2:1配合技术中腿、臂、呼吸动作的时相，见表6-1。

从表中我们可以看到，在节奏性的 6 次打腿动作周期中，第3次和第6次打腿是重要的；这两次打腿是在两臂交替划时进行的。

表6-1　爬泳6:2:1配合技术时相表

序号	两臂划水各阶段		两腿向下打水时机		呼 吸
	右臂	左臂	右腿	左腿	
1	入水	推水		第1次	
2	下滑	推水结束			
3	抱水	出水	第2次		徐徐呼气
4	拉水开始	移臂开始		第3次	
5	推水	入水	第4次		
6	推水结束	下滑		第5次	
7	出水	抱水			
8	移臂开始	拉水开始	第6次		张口吸气

第四节　游泳的保健知识

一、蛙泳膝关节损伤及预防

膝关节损伤是蛙泳练习中常见的疾病之一，多见于膝关节内侧副韧带的损伤，这种损伤有时伴有剧烈痛感。

(一)损伤产生的原因

1. 蛙泳蹬腿时，为了使小腿内侧对准水，蹬脚动作必须使膝和胫骨向外扭转，而内侧副韧带的主要功能是防止膝关节外翻和胫骨外旋，当蹬腿用力不当时，内侧副韧带承受不了这一强大工作，引起损伤。

2. 初学者，由于局部负担过重，如单一的蹬腿练习多，由局部疲劳引起损伤。

3. 动作技术不正确，用力不合理。正确的蛙泳蹬水动作是：腿在蹬水之前，为使小腿对准蹬水方向，要求在收腿结束后两膝内扣，使踝关节向外翻转，形成脚趾朝外、脚掌朝上、脚弓朝后状态。蹬腿要有节奏。

(二)预防措施

1. 加强下肢力量训练，特别要加强大腿内收肌群的力量（大收肌、长收肌、耻骨肌、股薄肌……），上课前，做好充分的准备活动，如多做膝绕环、下蹲、左右侧压腿等练习。

2. 在蛙泳教学中，可把划手和蹬腿交替穿插起来进行练习，不要过于集中单一局部练习，以防局部疲劳而引起损伤。

二、游泳性眼结膜炎及预防

游泳性眼结膜炎，医学上称"急性结膜炎"，俗名"红眼病"；因游泳时感染的，故叫"游泳性结膜炎"。症状是眼发红、刺痒，结膜充血持续不消，并有怕光、流泪和眼分泌物增多。

预防措施有：加强池水消毒，池水中的余氯含量要控制在规定的指标范围内（含氯量在 2.4～0.8 毫克/千升之间）。禁止患"红眼病"者游泳，以免感染他人。另外有条件的可戴游泳眼镜游泳，也免受氯气侵入或细菌感染。游泳后，最好上一些氯霉素眼药水。

三、耳病及预防

耳病是指耳部所患的疾病。这里指的是因游泳而引起的外耳道感染和中耳炎。其症状是耳部红肿发热，疼痛剧烈，严重者流脓血。患中耳炎者，还伴有头痛、发烧、恶心、呕吐等。

(一)产生原因

1. 游泳池水不清洁，细菌侵入外耳道或水通过咽鼓管侵入中耳。

2. 游泳时，水灌入耳内未能及时清除，或掏挖外耳，致使外耳道或耳膜受损，细菌直接侵入外耳和中耳。

3. 上呼吸道发炎，感冒时游泳等。

(二)耳病的预防

要到水质经过严格消毒处理后的游泳池或天然游泳场去游泳；凡患有耳膜破裂或穿孔者，要停止游泳；要注意正确呼吸，避免呛水。最重要的是，耳内灌水后不要随便挖，可用"跳空法"，即头侧向灌耳一侧，并用这一侧的脚连续震跳，使水从耳中流出。还有一种方法，将头偏向进水耳朵一侧，用手掌紧压该耳的耳廓上，屏住呼吸，然后迅速提起手掌，一压一吸，连续做几次，可将水吸出。

四、鼻窦炎及预防

鼻窦是指鼻腔两侧的颅骨和面骨内四对含气空腔的总称，

分别依其所在的颅骨命名为上颌窦、筛窦、额窦和蝶窦。因为这些鼻窦的开口与鼻腔相通，所以在游泳中，如果呛水，就有可能把水带进鼻窦。其症状是：鼻梁两侧上部疼痛，鼻流清水，严重的流脓鼻涕等黄色分泌物。

(一)产生原因

鼻窦炎产生的主要原因是游泳呼吸不正确，鼻冲水或口呛水时，带有细菌的水侵入鼻内，在身体抵抗力弱的情况下，引起此病。

(二)预防措施

鼻窦炎的预防主要是掌握正确呼吸方法，避免呛水。若鼻子进水，不可用力捏鼻子，因为这样做，会把水从鼻腔挤到中耳里去，容易引起中耳炎。如果已发生鼻窦炎，要听医嘱，抓紧治疗，或在游泳后，用热毛巾放在鼻梁上做热敷，以促进局部血液循环，帮助消炎。

第五节 游泳部分比赛规则及场地、器材设备介绍

一、自由泳、蛙泳的比赛规则

第一条 自由泳

1. 自由泳比赛中，可采用任何泳式。

2. 转身和到达终点时，可用身体任何部分触池壁。

第二条 蛙泳

1. 出发和每次转身后，从第一次手臂动作开始，身体应保持俯卧姿式，两肩应与水面平行。

2. 两臂和两腿的所有动作都应同时并在同一水面进行，不得有交替动作。

3. 两手应一起在水面、水下或水上由胸前伸出，并在水面或水下向后划水。除出发和每次转身后的第一次划水动作外，两手向后划水不得超过臀线。

4. 在蹬腿过程中，两脚必须做外翻动作，不允许做剪夹、振颤式或向下的海豚式打水动作。只要不做向下的海豚式打腿动作，允许两脚露出水面。

5. 在每次转身和达到终点时，两手应在水面、水上或水下同时触壁，触壁前两肩应与水面平行。在触壁前的最后一个向后划水动作结束后，头可以潜入水中，但在触壁前的一个完整或不完整的配合动作中，头应部分地露出水面。

6. 在每个以一次划臂和一次蹬腿顺序完成的完整动作周期内，运动员头的某一部位露出水面。只有在出发和每次转身后，运动员可在全身没入水中时，做一次手臂充分的向后划至腿部的动作和一次蹬腿动作，但在第二次划臂至最宽点并在两手向后划水前，头必须露出水面。

二、场地、器材设备

第一条　游泳池

1. 正式比赛的游泳池应长 50 米，宽 21 米或 25 米。短池长为 25 米（误差范围为±0.02 米）；两端池臂自水面上 30 厘米至水下 80 厘米的范围内，必须符合比赛要求。

2. 水面至池底的深度应为 2 米以上，池壁必须垂直平行。两端自水面上 30 厘米至水面下 80 厘米的池壁，必须结实、平整、防滑。游泳池与跳水池之间，至少相隔 5 米。

3. 池水：水温 26℃（误差±1℃），室外游泳池水最低不得少于25℃。

第二条　泳道、分道线及标志线

1. 游泳池内设八条或十条泳道，由九条分道线构成。每条泳道宽 2.5 米。第一、九道线距池边至少 0.50 米或 2.50 米。

2. 分道线必须拉至水池两端。固定分道线的挂钩应安装在池壁内。分道线由直径 5～15 厘米的单个浮标连接而成。从分道线两端开始至 5 米处的全部浮标，颜色必须与其他浮标不同。每两条泳道之间只允许有一条分道线。

3. 泳道标志线：各泳道中央的池底应有清晰的深色标志线，线宽 20～30 厘米，线上 46 米，线两端距池端各为 2 米，在泳道标志线的两端各画一条长 1 米与泳道标志线同宽并与其垂直对称的横线。两泳道标志线的中心距离应为 2.50 米。

第三条　出发台

1. 出发台应正对泳道中央，其前沿应高出水面 50～75 厘米。出发台的表面面积至少为 50 厘米见方。台面应由防滑材料覆盖，其向前倾斜不超过 10°。出发台前沿应与池壁在同一垂直面上。

2. 仰泳出发的握手器，必须同时有横的和竖的，设在出发台上，高出水平面 30～60 厘米。横握手器与水平面平行，竖握手器与水面垂直，握手器应与池壁在同一垂直面上。

3. 出发台应用明显的阿拉伯数字，标明泳道号数。两侧的字应尽量靠前，使裁判员能看清。出发台的号数应在出发一端的池边上从右至左（面对池）依次排列。十条泳道的泳道号数应为 0～9。

附　录

教育部、国家体育总局文件

关于印发《学生体质健康标准（试行方案）》及《<学生体质健康标准（试行方案）>实施办法》的通知

各省、自治区、直辖市教育厅（教委）、体育局：

现将《学生体质健康标准（试行方案）》及《学生体质健康标准（试行方案）实施办法》（以下简称《标准》、《实施办法》）印发给你们，请认真贯彻执行。现将有关事项通知如下：

一、《标准》是促进学生体质健康发展、激励学生积极进行身体锻炼的教育手段，是学生体质健康的个体评价标准，也是学生毕业的基本条件之一。各地教育行政部门和学校应把《标准》的实施作为学校体育工作的重要内容，积极宣传、加强管理、认真施行。

二、《标准》是《国家体育锻炼标准》的组成部分，是《国家体育锻炼标准》在学校的具体实施。因此，在实施《标准》的同时，原《国家体育锻炼标准》的内容不再执行，各地教育行政部门和学校仍按照原《国家体育锻炼标准》的实施办法，向体育主管理部门报送《标准》的达标数据。

三、凡已实施《标准》的学校，《大学生体育合格标准》、《中学生体育合格标准》、《小学生体育合格标准》停止执行。

四、各级各类学校实施《标准》的具体步骤

（一）从 2002 年新学年开始，由各省级教育行政部门确定3%左右的中小学校和 2 所以上的高等学校，小学从一、三、五年级开始，中学（中专）和高等学校从起始年级开始实施《标准》，以取得经验。

（二）从 2003 年新学年开始，各地实施《标准》的比例扩大到50%的中小学校和所有高等学校。

（三）从 2004 年新学年开始，在各级各类学校全面实施《标准》。

五、各省级教育行政部门要根据实际情况，制定《标准》的分步实施计划，并于 2002 年 9 月 1 日前报教育部备案。

六、教育部将于 2003 年开始，对各地实施《标准》的学校进行抽查，并公布抽查结果。

七、各地、各学校在实施《标准》的过程中有何问题和建议，请及时报教育部体育卫生与艺术教育司。

八、请各地教育行政部门将本文及相关附件转发各级各类高等学校（含部委属学校）。

　　附件：1.学生体质健康标准（试行方案）
　　　　　2.《学生体质健康标准（试行方案）》实施办法

中华人民共和国教育部（章）

国家体育总局（章）

二〇〇二年七月四日

附件一：

学生体质健康标准（试行方案）

一、为了贯彻《中共中央国务院关于深化教育改革全面推进素质教育的决定》提出的"学校教育要树立健康第一指导思想，切实加强体育工作"的精神，促进学生积极参加体育锻炼，养成经常锻炼身体的习惯，提高自我保健能力和体质健康水平，特制订《学生体质健康标准（试行方案）》（以下简称《标准》）。

二、《标准》适用于全日制小学、初级中学、普通高中、中等职业学校和普通高等学校的在校学生。

三、《标准》从身体形态、身体机能、身体素质等方面综合评定学生的体质健康状况，《标准》按百分制记分。

四、《标准》根据学生的生长发育规律，将测试对象划分为以下组别：小学一、二年级为一组，小学三、四年级为一组，小学五、六年级为一组；初中及以上年级每年级为一组，大学为一组。

五、《标准》的测试项目

（一）小学一、二年级测试项目为身高、体重、坐位体前屈三项。

（二）小学三、四年级测试身高、体重、50米跑、立定跳远四项。

（三）小学五、六年级测试项目为六项，其中身高、体重、肺活量为必测项目。选测项目为三项：从台阶试验、50米×8往返跑中选测一项；从50米跑、立定跳远中选测一项；男生从坐位体前屈、握力中选测一项、女生从坐位体前屈、握力、仰卧起坐中选测一项。

（四）初中及以上各年级（含大学）测试项目为六项，其中身高、体重、肺活量为必测项目，选测项目为三项：从 50 米跑、立定跳远中选测一项；男生从台阶试验、1000 米跑中选测一项，女生从台阶试验、800 米跑中选测一项；男生从坐位体前屈、握力中选测一项，女生从坐位体前屈、仰卧起坐和握力中选测一项。

六、测试与评分标准

《标准》中的选测项目由各地（市）级教育行政部门在测试前随机确定。考虑到城乡的不同情况，《标准》中的台阶试验项目农村学校可选测相应项目，城市学校统一进行台阶试验的测试。

《标准》中的身体形态、身体机能和身体素质的测试方法按人民教育出版社出版的《学生体质健康标准（试行方案）解读》中的有关要求进行。《标准》的各项评分标准见附表 1 和附表 2。

七、等级评定与登记

各个测试项目的得分之和为《标准》的最后得分，根据最后得分评定等级：86 分以上为优秀，76 分—85 分为良好，60 分—75 分为及格、59 分及以下为不及格。每学年评定一次成绩并记入《学生体质健康标准登记卡片》，小学按照组别两年评定一次，其他年级每学年评定一次。学生毕业年级的等级评定，按毕业当年的成绩和其他学年平均成绩（各占 50%）之和评定。

八、本《标准》由教育部负责解释。

附件二：

《学生体质健康标准（试行方案）》实施办法

一、《标准》的实施工作在教育部、国家体育总局的领导下，由各级教育行政部门管理，体育行政部门指导。《标准》由学校负责组织实施。各学校、各地教育行政部门应按照教育部、国家体育总局的统一部署和要求，采集、汇总、上报《标准》的有关数据。

二、本《标准》应在校长领导下，由教务处（科）、体育教研部（体育组）、校医院（医务室）、学生工作部、辅导员（班主任）协同配合，共同组织实施。《标准》的测试应与学生健康体检有机结合，避免重复测试。各测试项目的成绩，由体育教研室（体育组）汇总，并按照《标准》要求评定成绩、确定等级，记入《学生体质健康标准登记卡》，在毕业时放入学生档案。

三、学生达到《标准》良好等级及以上者，方可评为三好学生、获奖学金（高等学校）；达到优秀成绩者，方可获奖学分（高等学校或实验新高中课程标准的学校）。对《标准》测试成绩不级格者，在本学年度准予补考一次，补考仍不及格，则学年评定成绩不及格。学生毕业时《标准》成绩达到60分为及格，准予毕业；《标准》成绩不及格者，高等学校按肄业处理。

四、奖励与降低分数的办法

（一）属下列情况之一者，奖励5分，不同项可累计加分：

1. 早操、课间操和课外体育锻炼出勤率达到98%以上，并认真锻炼者；

2. 获等级运动员称号者；

3. 参加校运动会及以上体育比赛获名次者；

4．学生体育干部在组织各项体育活动中，工作认真负责者。

（二）对体育课、早操、课间操、课外体育锻炼无故缺勤，一年累计超过应出勤次数 1/10 或因病、事假缺勤，一学年累计超过 1/3 者，其《标准》成绩应记为不及格，该学年《标准》成绩最高记为 59 分。

五、因病或残疾学生，可向学校提交免予执行《标准》的申请，经医生证明，体育教研室（体育组）核准后，可以免予执行《标准》，所填表格（见附表 7）存入学生档案。

六、各地教育、体育行政部门对本地各级各类学位实施《标准》的情况，要认真检查监督，定期抽查，并进行通报，对弄虚作假、徇私舞弊者，给予批评教育，情节严重者，给予行政处分。

七、为使《标准》的实施更加科学、准确、简便易行，各学校选用的测试器材必须是经国家质量监督部门检测达到测试要求的合格产品，同时应积极创造条件使用计算机，努力做到管理的科学化、现代化。

八、各级各类学校在试行本《标准》时，《大学生体育合格标准》、《中学生体育合格标准》、《小学生体育合格标准》即不再施行，与此同时，《标准》成绩即作为《国家体育锻炼标准》达标成绩。

九、各省、自治区、直辖市教育行政部门，可以根据本办法，制订具体实施意见。

十、本办法由教育部负责解释。

附表 1

学生体质健康标准（试行方案）的评价指标和得分

年级	评价指标	得分
小学一、二年级	身高标准体重	60
	坐位体前屈	40
小学三、四年级	身高标准体重	40
	50 米跑	30
	立定跳远	30
小学五、六年级	身高标准体重	15
	台阶试验、50 米×8 往返跑	20
	肺活量体重指数	15
	50 米跑、立定跳远	30
	坐位体前屈、仰卧起坐（女）、握力体重指数	20
初中 高中 大学	身高标准体重	15
	台阶试验、1000 米跑（男）、800 米跑（女）	20
	肺活量体重指数	15
	50 米跑、立定跳远	30
	坐位体前屈、仰卧起坐（女）、握力体重指数	20

参考文献

1　章钜林，束纫秋，韦俊文，等.体育辞典.上海：上海辞书出版社，1994.1

2　陶景飏，李晋裕，黄明教，等.学校体育大辞典.武汉：武汉工业大学出版社，1994.12

3　张清瑞.大学体育.西安：西安交通大学出版社，1995.7

4　邹纪豪.全国普通高等学校体育教材理论教程.修订版.大连：大连理工大学出版社，1997.5

5　文超，周成之，郑恒，等.田径.北京：人民体育出版社，1990

6　文超，韦迪，张思温，等.田径运动高级教程.北京：人民体育出版社，1994

7　刘修武.世界田径大全.北京：人民体育出版社，1990